悦讀·紀 | 文化品位
ENJOY READING ERA | 优雅生活

———— 阅读改变女性 · 女性改变未来 ————

月满 花明，
不如 情暖一场

——至情至性的旷世佳人陆小曼

沈念 著

青岛出版社
QINGDAO PUBLISHING HOUSE

图书在版编目（ＣＩＰ）数据

月满花明，不如情暖一场 / 沈念著. — 青岛：青
岛出版社，2016.5
ISBN 978-7-5552-3710-5

Ⅰ．①月… Ⅱ．①沈… Ⅲ.①散文集－中国－当代
Ⅳ．①I267

中国版本图书馆CIP数据核字(2016)第051702号

书　　名　月满花明，不如情暖一场
著　　者　沈　念
出版发行　青岛出版社
社　　址　青岛市海尔路182号（266061）
本社网址　http://www.qdpub.com
邮购电话　010-85787680-8015　13335059110
　　　　　0532-85814750（传真）　0532-68068026
责任编辑　那　耘
选题策划　郑新新
版式设计　智善天下
印　　刷　三河市南阳印刷有限公司
出版日期　2016年5月第1版　　2016年5月第1次印刷
开　　本　32开（880mm×1230mm）
印　　张　8
字　　数　120千
书　　号　ISBN 978-7-5552-3710-5
定　　价　35.00元

编校质量、盗版监督服务电话 4006532017
青岛版图书售后如发现质量问题，请寄回青岛出版社出版印务部调换。
电话：010-85787680-8015　0532-68068638

前言：红尘掠过，一任那爱恨深埋

前几年，也曾有位编辑联络到我，相商写小曼。出于对这个人物只有耳闻，没有了解，我果断拒绝了。没想到今年进入初冬时节，兜兜转转一圈，却还是遇到了她。两年过去，我看了许多民国女子谋生谋爱的故事，自己的生活也在遭遇着一些翻天覆地的变化。在某个宁静的深夜，卧床而眠的我，因为太多心事未能熟睡，倾听着窗外淅淅沥沥的雨声，不由得回到了民国时代，回首着小曼所历经的一切。

如今我年近三十，在世俗的束缚下，生命逐渐进入一个尴尬的阶段，想要彻彻底底走入世俗，却还放不下内心追求自由的执念；但倘若按照自我的意愿过活，却又不自觉辜负了父母殷切的希望。不知何时开始，好似我也走入一个两难境地。想到自己这般犹豫，竟不免怀思起小曼的决心、真诚以及那股充满活力的"任性"。

小曼是有决心的。刚刚成年，她在父母的安排下，成了一桩媒妁之言的牺牲品，尽管丈夫是赫赫有名的少将，却是小曼不爱的。婚后更因为俩人性格、脾气不合，使小曼无法继续忍受这样的婚姻。而徐志摩的出现，像是一道惊鸿惊艳了小曼的天空，她奋不顾身地爱了，不顾来自簪缨世家名声的压迫，只愿轰轰烈烈爱一场。甚至母亲强行将她"关押"，也丝毫不能阻止她那颗"一念既出，万山无阻"的决心。

她独树一帜，只想过自己想要的生活。

小曼是有真心的。她爱徐志摩的方式，就是热恋时期给对方看到她的决心，不使他因为各种关系、世俗的眼光而质疑他们的爱情，所以最终她真的得到了一切。结婚以后，尽管公婆不愿接受，但她还是学着样子，本本分分地扮演她应该扮演的角色。因为身体孱弱，她始终未能给志摩一个孩子，但她写了很多的情书情话。或许她这样任性的人，上天注定不会让她一生安定——跟志摩结婚的最初，他们确实享受了一段难能可贵的甜蜜时光，然而她太真了，天真到婚后不想去做一个世俗的"守妇道"的女子。想一想，小曼来自大富大贵的家庭，自小出入上流社会，养尊处优，是绝对的大家闺秀，受到中国传统文化熏陶的同时，也一并习得西洋文化，她，注定是不平凡的。婚姻不能改变她的生活习惯，于是她继续进出上海滩十里洋场，夜夜歌舞升平，拒绝跟随志摩回到文化环境较为传统的北京。

她的真，使她最终赢得了这场爱情，却也使她的爱情，如同一颗流星，短暂地惊艳众生之后，便从天际残忍地坠落。

志摩为满足她的喜好而疲于奔波，巨大的生活重压之下，他身心疲惫，最终遭遇空难，像颗流星，彻底从小曼的生命里消逝。

志摩的死使小曼犹如大梦初醒，她怀着悲恸的心情，开始关注他的那些心爱的诗，纵然他活着时，她连一句也不曾过问。

她的真，使她在志摩死后，重新活了一次。

小曼是难得的。她擅长绘画、翻译，文采过人，十几岁就已在上海社交界闻名。连当时北洋政府外交总长顾维钧都亲自前来聘请她。然而人们却把目光集中在她"别具一格"的爱情上，忽略了她这任何一项单拿出来，都足以秒杀绝大多数世人的才华。

关于爱情，与其说是上天有意安排小曼与志摩这段旷世绝恋，不如说是小曼这朵野玫瑰太过鲜艳，留在不识风情的王赓身边不啻于暴殄天物。

志摩去世以后，小曼没有再爱，她与翁瑞午互为精神上的安慰，但小曼不再付出真心。她后来迷上了"芙蓉"，因为失去志摩的打击令她唯有靠鸦片来麻木自己，维持生命。

小曼是平凡的。前半生轰轰烈烈，潇潇洒洒；后半生孤孤单单，冷冷清清，书画为伴，琴弦为友，走过大半生终于领悟生活的本质、人世的本真。离开这个世界之前，她的遗愿是跟志摩同葬，却最终未能如愿。洗尽铅华，素衣半生，她一辈子只扮演了一个角色——陆小曼。试问谁的人生字典中，没有过"失去"一词，只不过小曼的任性，让她付出了太过沉重的代价。

小曼是特别的。她出身高贵，却不慕富贵，年华最好的时候，她从未想过要找一个多么富贵的人来配自己，她爱的是志摩的热烈、真诚。世人的诟病、亲友的责难，她也从不放在心上，始终要做心里那个潇洒真诚的陆小曼，把人生紧握在手心。即便面对世人的误读与指摘，也从未想过为自己辩解，她选择了保持缄默直至死去。

可惜的是，太多人对她的感情生活津津乐道，却鲜有人珍视她的画作、文字，从那里读取她的一片真心。

小曼究竟因为什么被历史铭记的，我也不知。但我喜欢的那个小曼，是活在自己生命里的，有着自己的思想和感情，无论何时拾起她的故事，从来不会像对于凤至、朱安那般，为其命运而惋惜。因为人活一世，最好的方式，就是小曼的活法——带着真，带着诚，从轰轰烈烈归于平淡，少女时是少女的模样，年华逝去，老妇时有老妇的淡定。纵然被一场残酷的变故改变了人生，也要背负着伤痛，踽踽前行。

历史的长河动荡不安，浪潮席卷着人流呼啸而过。小曼只是我们看过的那些故事中一个美丽的过客，而我们也仅仅只是她的一个不知名的看客。但是她的存在，却使我懂得，原来人生，还可以这样辉煌灿烂地度过。

这一世，陆小曼从繁华中走来，又在落寞中隐去，万丈红尘中掠过，一任那爱恨深埋。

目 录

第一章

簪缨世家花独开

世间任何好的事物，从来不是唾手可得；而
太轻易得到的东西（或是人），人们似乎也
从不肯付出心意去珍惜。

折尽群芳，小曼终降临

世间任何好的事物，从来不是唾手可得；而太轻易得到的东西（或是人），人们似乎也从不肯付出心意去珍惜。

1903年的上海孔家弄，一户姓陆的人家降临了一个女婴，为全家带来了一片祥瑞。女婴皮肤白皙，粉嫩可人，又因为降生的日期正值阴历九月十九——此乃观音菩萨出家成道日（生日），因此她被家人宠爱地称呼为"小观音"。

这个女婴，就是后来大名鼎鼎的名媛陆小曼。

小曼祖籍常州樟村。清咸丰、同治年间，为避太平天国的战乱，祖父陆荣昌率全家迁居上海。小曼的父亲原名陆子福，字厚生，因他少时聪慧，每考必中，长辈们便为他改名陆定。陆定年轻时曾在日本留学，毕业于日本早稻田大学，是日本名相伊藤博文的得意弟子。陆家爱国主义的精神一脉相承，陆定在留学日本时，参加了孙中山先生组织的同盟会。

民国初年，袁世凯担任大总统时，曾下令逮捕了陆定和其他同盟会成员。国民党南京政府成立后，得益于同乡一个名叫汪洵的人推荐，陆定顺利地进入度支部（也就是后来的财务部）供职，二十多年来做过司长、参事、赋税司长等职务，更是一手创办了名噪一时的中华储蓄银行，可谓风头一时无两。

陆小曼的母亲吴曼华，小名梅寿，其祖上在清朝时期曾担任江西巡抚，父亲乃是常州赫赫有名的白马三司徒中丞第吴耔禾，由此可见，小曼母亲也是正儿八经的名门之后。

或许是因出身于书香门第，吴曼华从小便有较深的古文功底，陆定在贝子贝勒学校担任教师时，曾有一段时间，经常把贝勒们的功课带回家，交给妻子帮助批改。值得一提的是，吴曼华多才多艺，最令人称道的是那一手传奇的工笔画。成年后的陆小曼嗜画，显然是深受母亲的熏陶与影响。而她的名字"小曼"二字，也正来源于母亲。

出生在这样一个显赫且带有文学气息的家庭，小曼的名字自然不会差。试想，在那个时候，起名字关乎一个人在人世的命运，至今尚有老辈人希望能通过某个娟秀的名字，给自己的儿孙们带去一生的好运。寻常人家的女儿，或许会叫成个什么"红儿""翠儿""莲儿"的，可是陆小曼这样的家庭，却选择了一个"眉"字。

想来，古人有多少妙用眉字的诗词，比如李隆基的"眉黛不须张敞画，天教入鬓长"，写的是倾国倾城的美人；王涯的"不见乡书传雁足，唯看新月吐蛾眉"，写的是身处异乡，诗人对月怀人，浮想联翩，仿佛那弯弯新月就是娇妻的秀眉……

"水是眼波横，山是眉峰聚。欲问行人去那边？眉眼盈盈处。"眉与目，都是女儿家的动情之物，那一低头，一蹙眉，抑或眉目传情、眉开眼笑，女儿家的娇羞之情、柔美之态，便生动形象地跳脱出来，可谓"呼之欲出，栩栩如生"。于是，第一次听到小曼的别名——小眉，便觉与一般女子有别，着实不俗。

要知道像陆家这般大户人家，无论是财富还是心力，养几双儿女绰绰有余。世间哪对有情人不想拥有自己幸福与爱情的结晶？又有哪个妇人不想从儿女的脸上，寻找自己昔日的模样？小曼的母亲曾生育九个孩子，其他几个都很不幸地在幼年或青年时死去，只剩下了排行第五的小曼。小曼作为陆家遗留在世上的唯一的孩子，更是集万千宠爱于一身。小曼虽然存活了下来，却是自小体弱多病。或许是伤感于其他几个孩儿的夭折，陆定和吴曼华夫妇对小曼是有求必应，真正是"含在嘴里，捧在手心"地呵护。生长在这样宠溺的家庭环境，小曼也就显得比一般女孩更加傲慢、任性。

幼年时的小曼，生活在父母一手缔造的"温室"里。父亲像天，给予了小曼舒适、安定的物质生活；母亲像水，在艺术方面很好地陶冶了她的情操，让年幼的小曼渐渐长成一个兼具贵族气息与文艺气质的大家闺秀。

在外人看来，小曼的家庭环境是极好的，父亲博观、公正，母亲宽厚、包容，在这样的环境下，陆小曼快活而知足地成长着，并最终变成一位个性极强的小公主。

整个童年时代，小曼生活的关键词就是一个"宠"字。或许是陆定夫妇觉得这个女儿得来不易，甚至冥冥之中，上苍留存她在世上或许是带有某种特殊的含义，也就对小曼格外地恩宠。又恰巧她的小名叫作小龙——"宠"的宝盖头下不正是一个"龙"字吗？再加上此时的小曼只是个纤细瘦弱的小女孩，她像一棵娇嫩的禾苗一样，急切地需要雨水的滋润和阳光的照耀，亟需长辈的关切与呵护。

与其说小曼的降临是一场必然中的偶然，倒不如说她是上天恩赐的一份别致的礼物。于是，为了好好珍惜这份珍贵的礼物，陆定和吴曼华夫妇付出了所有的耐心与爱。

在这种氛围下成长的小曼是活泼的，她常常像一匹脱缰的小野马，欢快地驰骋在无尽的草原。作为一个小小的名媛，她"朋友圈"的小姐妹们，很多也都是像她一样来自富贵的家庭。原本这样温馨富足的家庭，能给一个女孩带来美好的一切。却不曾想到，正是父母对她的这份宠爱，多年之后将小曼推向了苦难——被保护得过于完好，致使小曼年幼时从不曾亲尝生活的艰难，以至于当她与徐志摩成婚后，才开始懂得世间的生活并不都是那么光鲜亮丽，人会孤独，会受困于生活的重压。太晚领悟到生活的真谛，无论对谁来说，都是一种不幸。

人们常说："先苦后甜总要比先甜后苦的好，年轻时所受的苦难是一种成长的必然经历，年轻时也有足够的时间与精力去应付这些困难；而衰老以后的苦难，是'屋漏偏逢连夜雨'的绝境，是对生命的双重打击。"所以大多数人宁可在二十多岁的时候吃很多苦，也不大能接受风烛残年之时仍风雨飘摇，苟且余生。所谓"宁欺白须公，莫欺少年穷"就是这个道理。

但此时此刻，小曼拥有的，是一颗自由到极点的灵魂。她不顾一切地用自己的方式，肆意地试探着这个世界——至于试探失败的结果，无非也就是被父亲拖回家，重重地责骂几句，最严重时也不过几个巴掌。对自己的人生，她是有野心的。

除非这个世界对她还以颜色，否则她仍然是自由、彪悍的一匹野马。什么该做，什么不该做，这样的界线在她眼里丝毫不存在。因为她是陆小曼啊，她从出生的第一天起，就是众人手心的宝贝，眼中的星辰。

有人说，女儿是父亲前世的情人。若说吴曼华对女儿的宠爱，是真真切切一针一线的，那么父亲陆定对小曼的宠爱，则是润物细无声式的。包括后来小曼执意要与王赓离婚、不顾一切要跟徐志摩在一起，父亲也没像母亲那样，执意将自己的观念强加在小曼身上，而不给她追求自己幸福的权利。他选择的是沉默。而这沉默的背后，是一个父亲难以捕捉的，对女儿的一份信任。

吴曼华是信佛的，而小曼又出生于观音出家之日，毫无疑问，小曼就是她的小观音，永永远远的小观音。幼儿时期的小曼，因体弱多病而让家人牵挂，吴曼华就多次拜观音，诵心经，祈求上苍保佑小曼茁壮成长，早日成人。

或许每个生命来人间走一回，都有其命定的因果。就像《红楼梦》中，绛珠仙子为了回报神瑛侍者的灌溉，下到人间化身林黛玉，与贾宝玉上演了一段缠绵悱恻的情爱纠缠。小曼的降临，或许没有这么复杂，某种意义上却也算是八个夭折的兄弟姐妹的一份寄托。

生长在这样的显贵人家，小曼是珍贵的。

我常想，若是小曼只是降生在江南的一户寻常人家，吃着粗茶淡饭，饮着雨露风霜，春天就站在门外赏赏桃花，秋天跟随家人去农田捕捉一季的收获，一生是否就会这样了无痕迹地度过……

而她这一生的传奇，也就永远没有机会上演。她不会进入一位绝代诗人的生命，更不会作为民国时期的一代名媛，成为浩瀚历史的一部分而载入史册。如果她只是寻常人家的一位姑娘，生命于她而言，大概会普通得像昨夜的一场梦境，庸庸碌碌，没有惊喜。

　　又或者她的几位兄弟姐妹没有夭折，小曼便不会受到独宠。她也就不会在父母的极度宠溺下，逐渐长成如斯女子，傲慢如风，任性似梦。

　　欢欣的幼年时光是短暂的，小曼总要成长。稍大一点，她便被母亲送进了上海的一家幼稚园，她的机灵使她迅速受到老师们的喜爱，更在同龄的小伙伴中游刃有余。后来，由于父亲陆定的工作发生了变动，母亲吴曼华便带着小曼一起去了北京。自此，小曼在北京的传奇生活正式开启。

万千宠爱，小曼求学北京

人常说，"物以稀为贵"，世间罕有的东西总是更能获得恩宠，对于人来说，又何尝不是如此？正如陆定夫妇，生下九个孩子，却最终只得一个病怏怏的女儿小曼，对其也是捧在手心，怎么宠也宠不够。

一如当时大部分旧式官僚家庭，作为一个旧式的名媛，吴曼华寄希望于女儿小曼，着实盼望她能成为衣着得体、举手投足皆有名媛风范的高雅女子。所以来到北京之后，吴曼华很快将女儿送进了女子师范大学附属小学，那是当时最好的学堂。

由于当时科举制度已废除（1905年废除，小曼入学在1910年），所以学堂授课的范围非常广泛，气氛也很活跃。根据两则"某地发现清末民初小学生课本"的新闻，以及被发现的课本展示，我们可以大概了解到，当时小曼所在的学校都教授些什么。其中一则新闻报道是："某地在整理收集百年校庆校史过程中，竟发现了清末民初时的小学教科书和教学参考书。其中一本书名为《重校三才略》的线装古籍，为民国元年（1912年）学习用书，内容为天文、地理、历史，图文并茂。据查，这本《重校三才略》是当时最通行的幼学教材，曾有人对其有'不惟童蒙，凡学人皆不可不一览'的评价。"而另外一则消息则称："当地发现一本由学部（当时的教育部）在1906年编译，由图书局印刷发行的《初等小学修身教科书》第一册，定价为银元四分。书中有20课，分别是：学堂、敬师、容体、整洁、恪守时刻、勤学、讲堂与体操场、游戏、父母、孝顺、兄弟、家庭之乐、交友、戒争论、戒讳过、戒恶言、礼仪、戒搅扰人、体育、儿童。其中1-8课为儿童入塾开始了解学堂的环境，9-12课是如何对待家庭，13-15课是如何对待社会，16-19课为行为规范，20课为总结前19课，如何做个好儿童。书中每课一个插图，文字很少。"这两个大发现，都很好地证明了当时政府对教育体制做出了相应的改革。

其实大部分普通人家的孩子，学学"三百千"、四书五经、算数也就足够了，但小曼出身高贵，家教也严苛，自然要另学些技能。比如，一向擅长作画的吴曼华，总会在小曼下课归家后，陪她裁纸磨墨，赏花作画。

时年七岁的小曼性格活泼，正是爱玩、爱热闹的时候。我想，每个家庭，但凡提及孩子的教育问题，相对于望女成凤的母亲，父亲普遍都要更宽容一些。有一位事无巨细事事都要尽善尽美的母亲，小曼的生活已然有些负重，但幸运的是，她的后面站着一位慈祥宽宥的父亲。也不知谁人说的，"女儿是父亲前世的情人，是前生这份浓到化不开的情分，才令今生更近一步，彼此做了血浓于水的亲人。"陆定对女儿的宠爱，是一种撒开缰绳任由其驰骋的心态，是不顾一切的成全与溺爱。或许也正是因为这样，小曼才得以保持着洒脱自如的天性。一个任性的陆小曼，一个堪称活出自我的陆小曼，在儿时若没有父亲像参天大树一样地遮风挡雨，恐怕是难成其美的。

功课以外，小曼最常进行的活动，莫过于和家里的佣人们玩耍。我仿佛可以看到，一位穿着光鲜，脸蛋白皙的小姑娘，时而拖拽着一只五彩斑斓的风筝，缠着三两个女佣一起玩；时而跳入自家的花园里，围绕着几株正待盛放的雏菊摆出千娇百媚的姿态；又或者干脆爬上一棵正在发育的小树，摇摇晃晃笑落一春的美梦。小孩子总是可爱的，没有那么多的束缚，想笑就笑，想跳就跳。小曼又是爱美之人，倘若当时人手一台照相机，恐怕胶卷里会大半都是她千奇百怪的留影。

当然，这样的小曼在学校里也属风云人物。独特的魅力帮她吸引和聚集了一帮要好的小姐妹，女儿家抱团以后，自然有更多奇妙的小游戏。可以想象，小曼最初的读书时光，多半是快乐的。

1912年，小曼长到九岁，转入北京女中读书。民国以前，女子是一律不准外放读书的，当然，地位显赫的王公贵族除外。这些家族的女儿们可以入学，学一些简单的如医学、历史、文化方面的课程。遥想唐代，武则天就很重视女子教育，所以才有了上官婉儿这样的绝代才女；到了明朝末年，一向特立独行的"狂人"李贽曾公开招收女弟子；而清代人称"江右三大家之一"的著名才子袁枚，也曾公开招收女弟子数十人，并将28位女弟子的诗作整理编入《随园女弟子诗选》；与袁枚同时代的诗人陈文述，不但招收了女弟子，且培养出一位非常有才华的女子，名为吴藻。随着知识女性群体的不断壮大，清代女子甚至还曾创办文学团体，比如康熙年间最负盛名的，以徐灿、柴静仪、朱柔则、林以宁、钱凤纶为名的"蕉园五子"。这些女子结社赋诗的社会活动，虽屡遭保守势力的抨击，却也得到过开明士大夫的大力支持，并被当时社会所认可。我们所熟识的四大名著之一《红楼梦》中描写到的菊花赋诗、海棠结社、怡红行令、潇湘论文的情景，便是清代贵族女子进行文学活动的生动写照。

最早设立女校，是在封建教育制度瓦解后，国家允许女子同男子一般入学读书后。只是鉴于男女有别，所以才专门开设了女子学校。民国时期，各地均有专门开办女子中学的先例。例如无锡市第一女中最早就是于1912年建立的，其在新中国成立前就有非常良好的办学声誉。当时社会评价"女中风气醇厚，学生相互砥砺笃行，毕业后均能自立于社会"。民国时期的文化制度虽然已然开明许多，可这样的女子学校，却还是只有那些官宦大户人家的女儿能够上得起。小曼家境殷实，母亲也一直对她有很高的期望，所以选择上女中，也完全合乎情理。

此时的小曼仍旧淘气非常。兴许是自知父亲对自己宠溺有加，有时候甚至调皮捣蛋到令父亲怒火中烧。陆定平常不管女儿的这些事，唯有一次，扬手打了小曼。自那之后，小曼顽劣的性格虽未改，却也长了些许记性，不再敢造次，乖乖地念书去了。

如果小小年纪的小曼，只有调皮的能耐，那陆定或许不会如此欢喜她了。小曼天性活泼，观察力也强，虽只是一个小小顽童，对当时的社会形势却有十分细密的关注。一次，她还凭借自己的机敏伶俐，救下了父亲一命呢！

袁世凯当政时，为了排除异己，下令解散国民党。当时风声已经很紧，陆定却还每天都戴着国民党的党章到部里去办公。一天，陆定正要出门时，被一旁的小曼拦下："爸爸，这都什么时候了，您还把党章戴在身上？多危险呀，还是摘下来藏好吧！"

陆定看看自己身上的党章，顿时醒悟，赶忙走到女儿跟前，微笑着摸摸她的小脑瓜，心想自己久经政事居然百密一疏，把最重要的一件事忘记了！

果然，陆定去上班后不久，就被警方传去问话并扣押，后又被两个警察里里外外搜了个遍。我猜，他当时一定暗地里长舒一口气，并且为女儿的机警感到欣慰。

搜身未果，那些警察并不甘心，又连夜赶到陆定家中突击搜查，想要从陆家搜出一些关于陆定与国民党往来的蛛丝马迹，然而那些重要物什早已被吴曼华妥当处理，他们没有任何收获。

眼见建功无望，就在他们打算撤离时，碰到了年仅九岁的小曼。警察或许想着大人太圆滑，小孩子总是有一说一的，于是，站在小曼跟前故意问："你见过你爸爸的书信吗，都放在什么地方呀？"

这可让此时立在一旁的母亲一阵惊慌，她面露焦急却又不好说话，只得佯装镇静，闭上眼睛暗自祈祷……

然而，几秒钟后，女儿熟悉的稚嫩的声音响起，却是立即打消了她心中的担忧与恐惧。只听到小曼似乎是故意用扬高的语调说："爸爸的书信公文向来是放在办公室里的呀。"

警察接着又问："那私人信件呢？"

"喏，不是被你们翻出来了吗？"一边说着，小曼一边用手指着散落在桌子上的信件。

警察只好气馁地拽了拽帽子，失望地撤出陆宅。

没有证据，袁世凯自然没法再关押陆定，过了不久，他就被保释回家了。

经过这件事，陆定夫妇更加珍视女儿小曼，他们觉得小曼就是上天赐来的福音，也相信女儿一定能被培养成为真正的一代名媛。

上流社会，名媛姿态初显露

作为父母，自然都希望给予孩子最好的一切。人到中年以后，对生命有了更多的感悟，不单单是看透想透了一些事情，更是将孩子当作自己生命的延续。现在想来，陆小曼能成一代名媛，也是时代与其身世共同造就的结果。小曼成长的背景是民国初年，这是一个文明较为开化的年代，其父母也是有头有脸的显赫人物。有时，我甚至不得不感慨人的命运，上流社会的种子，原本就有着得天独厚的条件，能享受最好的待遇、获得更大的权力，想要开花结果，也只是耐心和时间的问题。想想其他几位民国奇女子，诸如林徽因、张幼仪，也都是依托显赫的家世，一步步走出了一片光明天地。虽说家庭条件是好的，但也必须承认陆定夫妻对女儿的用心。

小曼十五岁那年，陆定夫妇又不惜重金，将女儿送进了当时由法国人开办的圣心学堂读书。这使我想到张爱玲的母亲黄逸梵（能给自己改名的女子都了不得），她也曾是旧时名媛，后来深受五四新潮的影响，在上世纪20年代出国留洋，学油画，沐浴欧风美雨，彻底将自己变成了一名新派女性。她为自己的女儿张爱玲也量身定制了一系列成为大家闺秀的标准。后来，为使张爱玲接受更好的教育，颇费心机地将她弄进上海圣玛利亚女校——我想，同样作为母亲，这两个女人对自己女儿的母爱，大抵没什么差别。

圣心学堂是法国人开办的，起初也正是专门服务于在中国居住的外国子弟。可想而知，能进入这间学堂念书的国人，要么有特权，要么肯出钱。当时，北京军政界部长家一类的小姐们，有很多都在这间学堂读书。一时间这里名媛云集，声名在外。陆定深知环境对一个人的影响，而吴曼华也清楚，就读名校是培养名媛淑女的首要条件，她以自己的女儿能与这些权贵千金为伍而感到满足。

高学费的教育自然有其优点，学堂除了拥有干净整洁的教学建筑，整齐划一的教育管理体制以外，更弥漫着非常浓郁的教育氛围。单看圣心学堂设置的课程，就能知道这里将会培养出怎样优秀的人才——英文、法文、钢琴、油画……浓浓的西方式教育。

心理学研究表明，小孩子的注意力虽然容易分散，集中时却有着非常强的学习能力。回顾我们的读书时代，不也学习和掌握了那么多门课程，每年大考小考自不必说，虽没有太多的艺术细胞，每一个人却也都是德智体美全面发展的乖学生——尤其是那些需要挑灯才能完成的"题海战术"，反正现在回想我只能感叹自己当年居然如此神勇！

或许是此前已有了一些绘画功底，进入圣心学堂不久，小曼在绘画上的灵性与天赋逐渐崭露头角。有一次，一位外国人来到圣心学堂参观，看到一幅陆小曼的油画作品，当即露出倾羡之情，找到负责人支付了200法郎，购买了回去。

圣心学堂所推崇的西式教育，很好地迎合了小曼天真烂漫的天性，自然而恰到好处地给了她一个自由奔放的发挥空间。一位十五岁的少女就在这样舒适的环境中，任性地成长着，一点点见到未来的模样。但这并不是陆小曼的全部心性，她的骨子里也保留了对中国传统文化的热爱，虽然她学的课程多是油画，内心更为痴迷的却始终都是中国山水画。

一如小曼本人，外表看上去那么妖娆曼妙，骨子里依然是中国大家闺秀的气度。

小曼生性聪慧，来到圣心学堂后也逐渐适应了这里的教学环境，变成了一个肯主动拿起课本的乖学生。这一切，陆定夫妇看在眼里，喜在眉梢。为了让女儿更加出色，他们还另外高薪聘请了一位英国女教师做家教，小曼放课后就在书房跟随女教师学习外文。两载春秋过去，陆小曼已经精通英、法两国语言。

于是，十六七岁的花季少女陆小曼，会绘画，会朗诵，会演戏，还写得一手漂亮的蝇头小楷；热爱音乐，弹得一手好钢琴；热爱舞蹈，穿上舞鞋即能在舞池翩然起舞，成为众人的焦点——如此，正是名媛姿态初显露。

想来，有这样一位几乎十全十美的女儿，吴曼华是最为欣慰的。她对这个唯一的女儿倾注了太多的心血，如今十七载韶华过去，女儿已经交出了一份令她满意的答卷。

想着这样完美的陆小曼，我不禁想到了卞之琳的那首诗，"你站在桥上看风景，看风景的人在楼上看你。明月装饰了你的窗子，你装饰了别人的梦。"滚滚红尘之中，小曼便注定是那个要被别人注视，装饰着别人美梦的人。

有时我也常想，圣心学堂声名在外，培养出的名媛不止陆小曼一个，却为何偏偏只有她那么出彩。或许因为父母良好的基因生就了小曼一张虽显病态却端庄清秀的脸庞。我记得曾看过她一张梳着齐耳短发，低头读书的照片，那姿态安静怡然，似采花的蜜蜂一样贪婪地吸吮着花间的养分。虽只是黑白照片，却将小曼的气质尽然凸显——我自以为，所有的规矩教养都是可以熏陶培养的，唯独骨子里流淌的气质，出于天生，人人各有千秋。这就是为什么大观园里那么多位热爱写诗的女子，人们遇到迎春、探春、惜春、黛玉和宝钗，还是能够一眼就分辨出谁是谁。

每个人天生自有一种难以言状的味道。很多人喜欢民国女神林徽因，我却觉得小曼的性格更为可爱、通透，像个纯洁少女应有的样子；我也觉得她的长相更为讨女子欢喜，是真正的美人坯子。

小曼生在上海，长在北京。骨子里既有南方女子的温婉精致，也有北方所赋予她的顽强坚韧。

而在没有变成一个女人之前，少女陆小曼的人生几乎绽放了全部的光彩。她在圣心学堂，早已凭借自身智慧与气质光芒万丈，成为人人追捧的"校园皇后"。不管她到哪里，身后始终不乏追随者，有时竟多达数十人，有人为她拎包，有人为她持外衣，这些人如同"护花使者"一般，只衬托得我们的小曼更加姿态高傲，风光无限。

有人说，怀才就像怀孕，时间久了，自然能够凸显。这话用在小曼身上，也是不假。她在圣心学堂的名声纵然很大，却着实没有一个合适的机会，令她表现出更多精彩。直到当时北洋政府的外交部长顾维钧光顾圣心学堂。

当时，他要从学校选拔一位精通法文、英文，美貌与智慧并重的女孩子参加接待外国使节的工作。听闻这个消息，校长立即推荐了陆小曼——也是，这样关乎大体的事情，除了我们的"校园皇后"，还有谁能拿下呢？于是，年仅十七岁的陆小曼，理所应当地成了北洋政府的外交部办事人员，经常参与接待外宾，担任口语翻译的工作。

小曼接待归接待，可也没有卑微到凡事都"伺候"的地步。有一次，陪同一位外国友人看节目的过程中，小曼就因这位友人吐槽中国的文艺糟糕而迸发出强烈的爱国心。她说外国友人不懂得欣赏国粹，一句话就将那人噎了回去。不必担心这样不奉承迎合的态度，会使小曼给对方留下冷硬的印象，倒是友人觉得咱们这位小姑娘伶牙俐齿，性格直爽，反倒十分欢喜呢。而我也觉得，一位年仅十七岁的女孩，就懂得积极捍卫国家的荣誉，实在是懂事至极！

还有一次，在一个中外相交的重要宴会上，一个外国人拿起烟头，嘭的一声把中国孩子手里的气球戳爆了，吓得孩子哇哇大哭，那些外国人则在旁哈哈大笑。孩子的父母对此虽感到愤怒，却也只是无奈地安慰自己的孩子。小曼见此情景，径直走到一个外国小孩的跟前，拿起烟头也嘭的一声戳爆了他的气球，把那外国孩子吓得大哭，令全场嘉宾目瞪口呆。而小曼则从容不迫地看着外国人说："原来外国的孩子胆识也一般嘛！"

一如九岁那年的小曼，平时天真活泼，一遇到事情，则变得果敢机警，绽放出了所有的华彩。

十八岁时，陆小曼在北京社交界声名鹊起。她有端庄清丽的容貌，又多才多艺、气度不凡，令整个北京为之倾倒。

在外交部工作的三年，开拓了小曼的视野，丰富了小曼的人生阅历，使小曼由一位青涩的女孩，逐渐成长为一个真正的社会名媛。

　　小曼出色的工作能力，使顾维钧为自己当初的选择感到骄傲，他在陆定面前不吝溢美之词："陆小曼小姐是那样漂亮、聪明。"

　　十八岁的你，在做什么呢？

　　十八岁的陆小曼，已经名满京城，坐实一代名媛之称。

南唐北陆，扬名北京人人夸

"高处不胜寒"。做高手不是一件容易的事，平常受到的称赞、掌声多，做人需得小心行事，因为稍不留意就会为别人所诟病，他们既是生活在云端，也像行走在险境。但是高人与高人相逢，却是十分地快意恩仇。

小时候看金庸的武侠书，后来又陆续看了许多电视剧、电影。在众多的武林高手中，我始终对"独孤求败"这个名字，有着深刻的眷念。一个人武功高到活着的每天只想被打败一次，该是多么孤独，以至于他寂静地死在某座山谷，也无人知晓。后来杨过偶然路过，才挖掘了他的故事，为他的黯然坠落而感到惋惜。啊，无敌是多么寂寞。

又或者江湖人称"南慕容，北乔峰"，也是在说两个齐名的英雄好汉。只可惜，北乔峰实有降龙十八掌的威名，南慕容"以彼之道还之彼身"的威名却过于浮夸，未能真正与之齐名，但也不妨碍两个大英雄初识江湖，就彼此互相倾诉

"相见恨晚"的心情。所谓高手过招，点到为止。高人站着的地方，自有高人的寂寞与孤独。如果没有另外一位高人，他的一生很难有人懂。

想到这些，我突然有些庆幸小曼生活在民国时期——此时此刻，南方亦有位佳人，是实实在在地能够与之齐名，正有些"花开两朵，各表一枝"的美好蕴意。那位女孩，便是唐瑛。

与陆小曼一样，唐瑛也是出身高贵，真正的名门之秀。

父亲唐乃安是清政府获得庚子赔款资助的首批留洋学生，也是中国第一个留洋的西医。其回国后加入北洋舰队做了医生，后来在上海一带开办私人诊所，服务的客人均是上海市鼎鼎有名的大家族。因此，唐家家境非常殷实。而唐瑛的兄长唐腴庐，又是宋子文最亲信的秘书。1931年7月23日，唐腴庐陪同宋子文行到上海北站遇到刺客袭击，却不曾想刺客认错了人，误将他当成宋子文一枪打死，宋子文本人只是轻伤。侥幸捡回了一条命的宋子文，自然对唐家心怀愧疚之情，为了报答，特意厚赠抚恤，对唐家人一直照顾有加。

民国的大户人家，自然对子女的要求甚多。诸如陆小曼一般，唐瑛既生长在如此显赫的家族，自小也是被提出很多要求。她家教严格，学过舞蹈、英文，精通戏曲，多才多艺。更幸运的是，唐瑛也是一位美人坯子，嗓音甜美，身材苗条，穿着打扮亦考究前卫。很多品牌都是今日我们仍在沿用的国际名牌，CHANEL NO.5香水、CHANEL香水袋、FERREGAMO皮鞋、CD口红、CELINE衣服和LV手袋，唐瑛应有尽有。对于吃的东西唐瑛也非常挑剔和讲究，每一顿都会按照合理的营养要求进行搭配，甚至会精细到几点吃早餐，几点用下午茶，几点开始晚饭——要是放在今天，唐瑛或许早就是位功力高深的营养师。

唐瑛就读的学校——中西女塾，是一所上海教会贵族学校，也是张爱玲就读过的圣玛利亚女校的前身。有人说唐瑛能压倒一众交际花而傲视群芳，是因为比她漂亮的人远不如她聪明，而比她聪明的人远不如她漂亮。可见，一个人的综合素质有多重要。

两朵传奇花，唐瑛的风采霸住了上海，陆小曼的风姿震住了北京。名媛风光无限大，世人赠名"南唐北陆"。

说回小曼。在北京外交部的生活，充盈了小曼的日常生活，也将她的特长与光彩，发挥得淋漓尽致。外交部常举行交际舞会，小曼踏着笙歌而来，华尔兹、狐步舞、小拉丁，小曼皆驾轻就熟。像一只翩翩翻飞的蝴蝶，小曼在舞蹈场合找回了自我。而那些中外宾客无不盼着能与之共舞一曲，在音乐结束的时刻，舞厅内掌声雷动，所有人的目光都聚焦到小曼一人身上，犹如众星捧月，小曼就是那轮最珍贵的明月。

在闪烁的灯光中，小曼一曲接着一曲，年轻富有活力的身体好似永远不会疲累。她的青春与汗水，似乎天生就该挥霍在这里。

我突然联想到，此前几年我因为丰厚的待遇，去做了一项并不热爱的工作。说实话，每天八个小时的工作时间简直如同煎熬，除了发工资的那天可以笑笑，连早晨出门上班心情都是抵触和沮丧的。后来，我逐渐意识到不能再过这样的日子，就换了一份图书编辑的工作。是的，我一直都很喜欢读书写作。果然，自从换了工作，我整个人也都鲜活起来，感觉生活也有了些颜色，甚至加班都乐在其中，尽管薪水不如上一份多，可是内心的丰厚却增添了许多。

每个人都应该去做自己感兴趣、擅长的事，不然，终究会是一场煎熬。

而此刻身在舞池的小曼，就在做着她喜欢而擅长的事情，跳舞。

磊庵曾在《陆小曼与徐志摩艳史》中写道："北京的外交部常常举行交际舞会，小曼是跳舞能手，假定这天舞池中没有她的倩影，几乎阖座为之不快。中外男宾固然为之倾倒，就是中外女宾，好像看了她也目眩神迷，欲与一言以为快。而她的举措得体，发言又温柔，仪态万方，无与伦比。"由此可见小曼的风采。

她绝不是一般意义上传统的美女才女。

多少女子在陆小曼的面前都黯然失色。她太炫目，要知道北京可是名流权贵的聚集地，众人非富即贵，可整座城市都时刻关注着她的消息，她的一举一动都引领着当下的时尚风潮。因为有了陆小曼，北京这座陈旧发霉的旧日古都，一夕间即蜕变成为春水盈盈的新都。北京城内所有的社交场合，均以她的出现而感到荣光；所有的男人都为之倾倒，女人们更是将其奉为潮流的模仿偶像。

而一身琴棋书画精湛的技能，妙语连珠的谈话能力，华丽的穿着装扮，精致小巧的长相，都令她在那个新文化运动进行得如火如荼的时代里如鱼得水。就这样，陆小曼逐渐在北京社交界声名鹊起，连一代才子胡适都称赞其为"北京城内不可不看的一道风景"。这样一个绝代佳人陆小曼之所以能够成为社交名媛，除了仰仗于家庭的管教与支撑，更得益于她自身的魅力。

没有谁能抵挡住这样一个女子，也没有谁能将自己的视线从她的身上移开半分。徐志摩的原配张幼仪眼神毒辣，连民国女神林徽因都不放在眼里，却在第一次见到小曼时，由衷地称赞她说："吃晚饭的时候，我看到陆小曼的确长得很美，她有一头柔柔的秀发，一对大大的媚眼。"

　　我总觉得，一个人的成长好比是在"雕刻时光"，随着年岁的流逝，每个人都在变化，从外形到内心。现在我们生活在一个浮躁的社会，出世入世都要"修心"。你把时光用来种植花草，时节到了，时光自然回赠以满地的嫣红姹紫。

　　也是在如此悠长的时光里，陆小曼逐渐长成了一位窈窕淑女，引得众多君子纷至沓来。

父母之媒，小曼嫁入少将府

"可怜天下父母心"。是在长大成人的今天，我也才懂得为人父母的"可敬可怜"。生养一个女儿，没有人是不想要为她的将来打算的。女人无论多优秀，总归也是要嫁人的。而父母的这番打算里，就包括了要为女儿寻到一个好人家。

——看看，多么可怜的父母亲，女儿长在其身边时必是悉心照料，照料到没办法相守，仍要按照他们的意愿，寻个好人家继续替他们好好爱护她。

小曼的追求者众多。适婚的年纪一到，前来陆家提亲的人，简直快要踏破门槛。众多的追求者中，有文人雅士，也有官宦军士。连张幼仪的哥哥张歆海，也是小曼的"裙下臣"。熟悉张幼仪的人都知晓，张家也是名门望族，张家的孩子们也都个个出息，非等闲之辈。就张歆海来说，他以优异的成绩从清华大学毕业，而后赴美留学，先后担任过外交部欧美司司长和葡萄牙公使等重要职务。其人也是仪表堂堂，风流俊雅。

有关张歆海与陆小曼相识的片段，我们不得而知。但当时文化繁荣，名人学士们又好搞"圈子文化"，大家都在同一个圈子里，小曼又名满天下，想要结识也就不算什么难事。只是张歆海疯狂追求陆小曼，那是她结婚后的事了。现在不提。

这样一个金枝玉叶，自然也须上等人选相配的。对小曼成长过分关心的陆家父母，心里早已打定了主意，尤其是小曼的母亲吴曼华，她相中的人选是一位名叫王赓的男子。

说起王赓，其实是小曼的寄父母唐在礼夫妇引荐过来的。此人当属优秀青年，毕业于清华大学，1911年赴美留学，后转入西点军校专攻军事，与美国名将艾森豪威尔将军是同学。八年的留洋经历使他积攒下深厚的人文修养，西点军校又培植了其坚韧正直的军人品质。他回国不久即就职于陆军部，仅用了三年时间就做到了陆军上校。而他的授业恩师，则是大名鼎鼎的梁启超。

陆定夫妇看中了这位才华横溢的青年，虽然他的家境一般，他本人刚从国外回来也没什么钱，但他们笃定他将来必定事业有成，风光无限，实在是与女儿小曼相配极了。

就这样，"父母之命，媒妁之言"，连小曼这样出尘的女子也不能免俗，经过家里人的操办，很快就与王赓闪电结婚了。

当时正是1922年，小曼时年十九岁。

因为王赓没什么钱，而陆家当时正处鼎盛时期，所以陆定夫妇自觉承担了婚礼的一切费用，就连仪式也是陆家全权安排。可想而知，"名动京师"的陆小曼的婚礼，对于当时的北京城来说有多么轰动。在他们举办婚礼之前，早有报纸将小曼结婚的消息公诸于世，标题拟为《一代名媛花落王赓》。

而到了婚礼当天，场面更是盛大无比。王赓是陆军上校，自然有一队军官前去祝贺；小曼是名媛，背后也几乎站满了全北京城的社会名媛，曹汝霖的女儿、章宗祥的女儿等悉数在列，更有多名外国小姐。这样豪华气派的场景，令陆定夫妇眉开眼笑，到底是把女儿风风光光地送出门了，心里一块大石头终于落地了。

初嫁为人妇，小曼到底是懵懂的。她虽然接受了五四新文化，却也始终是在父母的管束下长大。而十九岁的年纪，作为一个女孩也终究是太年轻了。她知晓父母恐怕是天底下最心疼自己的人，也就对他们为自己挑选的这位夫君没有太过挑剔。说起王赓，为人正直，前途无量，又很有学识，怎么看都与小曼十分登对。可是他们却都忘记了，在婚姻面前，还有一道叫作"性格"的关卡。这个王赓就是什么都好，却比小曼年长七岁——于是，在他已经足够成熟可以承担起一个家庭的责任时，陆小曼还是一副懵懂小女孩的模样。人们常说，婚姻是各人脚穿各人鞋，舒服不舒服、合适不合适不足与外人道，所有的一切都只是冷暖自知。我想，每对夫妻都有他们自己的一套相处模式，有些人虽然"三天一小吵，五天一大吵"，却能"床头打架床尾和"；有些人是平平淡淡，相濡以沫地过一生。不管是哪种模式，只要两个人相处融洽，一切自然不是问题。

偏偏小曼与王赓，他们之间的相处方式有些奇怪。或许是因为王赓自知比小曼年长了七岁，生活中他给小曼的照顾是大哥哥之于小妹妹的那种，她要什么他会差人买回来，却不懂得女儿家的心思，不知道小曼是想有一个时时甜蜜相伴的情郎，说着情话，哼着情曲，最好能再互相写几句炽热的、思念对方的诗词。最恐慌的是，时间久了，小曼从内心感觉到，自己对眼前这位号称是"丈夫"的人，只有习惯，没有一分是那种意属于恋人之间应有的爱意，醋意。

在旧时的民国，父母之命下的婚姻，多半是那种夫妻双方结婚以前没什么感情基础，在婚后才慢慢开始培养，通过日复一日的相处、交流，才慢慢与对方产生感情，懂得该怎么去关爱彼此。可想而知，这样的婚姻，多半是名存实亡的。诸如徐志摩与张幼仪，鲁迅与朱安。这样的婚姻，对女儿家来说无异于是一种莫大的欺凌。就像朱安，现代人提笔要写她，总是"不是寡妇胜似寡妇"之类的标题，让人看得触目惊心，为她捏一把冷汗。

由此可想，花季少女的爱情还未曾开始，就要凋谢在漫长而凄苦的婚姻生活中，这对于一代名媛陆小曼来说，未免太过残忍。

其实，她也曾经努力过的。一些女儿家的小情怀，小心思，她也曾在某个生活的细节中给予对方善意的提醒。只可惜王赓是军校毕业，粗枝大叶惯了，况且他的工作一直都很忙，也实在没有时间停下脚步去感知妻子的一切。更不用说，没有丝毫的恋爱经验，他也捉摸不来女孩家的心思。

另一方面，小曼成婚了，虽然她的人生迅速地完成了由少女到少妇的身份转变，但她的内心，却还远远没有修炼到能够匹配"少妇"身份的成熟气度。她后来就曾说："婚后一年多才稍懂人事，明白两性的结合不是可以随便听凭别人安排的，在性情和思想上不能相谋而勉强结合是人世间最痛苦的一件事。"而她自己想要的，不过是"可叹我自小就是心高气傲，想享受别的女人不容易享受得到的一切，而结果现在反倒成了一个一切不如人的人。其实我不羡慕富贵，也不羡慕荣华，我只要一个安乐的家庭、知心的伴侣，谁知道这一点要求都不能得到……"

可叹，小曼心中的这一团热火，在王赓这样冷硬的人面前，竟被无情地全然浇灭。而她的努力也久不见效，于是只想着能早一天挣脱婚姻对自己的束缚。可是另一方面又碍于父母的情面，世俗的桎梏，真可谓左右为难。于是她折中做出一个对两边都不伤害的选择：她不是喜欢跳舞嘛，能在舞蹈里重拾欢乐；人们不是也喜欢看她、跟她跳舞嘛，正好她这么做也算是救己又救人了。

正如一些背负着家庭重担的男人，在结束一天的工作后常喜欢约上兄弟们喝酒侃大山，跳舞也是小曼排遣孤独与寂寞的一种方式。她无非是想要自己活得开心一些。毕竟自私一点来说，她从小到大听父母的话历经千辛万苦长成一代名媛，又不是为了守着一种自己过不惯的生活，就这样无趣到白头的。

回到她所熟识的圈子，那里也还是如她印象中热闹非凡，而她自己也像鱼儿回到了海洋，终于有了些活力。与此同时，她也认识了更多的文人学士，画家刘海粟就是在此时经胡适的介绍闯入她的生活的。

当然，胡适是非常欣赏和喜欢小曼的。就算她已经嫁为人妇，他也曾对她疯狂地追求过。但在那个时候，朋友的妻子可以"欺负",文人们则不会"金屋藏娇"专美于前,反而会经常将心中的美人大大方方地介绍给其他朋友认识,想来这也有些不可思议。

久而不见,小曼依旧令人惊艳。画家刘海粟见到她的第一眼,就被她通体的别致气质所折服。日后他在回顾这段经历时,曾写下这样的句子:"谁知站在我们面前的竟是一位美艳绝伦、光彩照人的少女。啊!她就是陆小曼!""我在心里自己回答:'这位女士真配叫陆小曼!'"就这样,小曼又多了一个"裙下臣"。

第二章

恨不相逢未嫁时

很多艳俗的流行歌都唱出了一个关乎爱情的真谛，"一生能有几回痴"。命运是残酷的，或许很多人，终其一生也等不到那个知心痴情的人。

浪漫邂逅，佳人才子的命运碰撞

　　很多艳俗的流行歌都唱出了一个关乎爱情的真谛，"一生能有几回痴"。命运是残酷的，或许很多人，终其一生也等不到那个知心痴情的人。我也曾在知乎上看到这样的问题："结婚了，可是遇到了自己真正爱着的人，该怎么办？"在今天面对这样的问题，我确实一时无解，相比民国时期，如今大部分人都是在一个成熟的年纪才决定走进婚姻。况且现在包办婚姻的风俗也要少些，成年人要学会对自己的婚姻负责，但倘若确定对方就是自己要找的真命天子且对方也视自己为不可替代，那倒可以学学林女神对梁思成的坦白。

　　我想，如果对方的另外一半，的确是通情达理之人，或许也会给彼此一段时间，想清楚再做决定。

　　但这种事若放在民国，我倒完全建议女孩子可以为自己的爱情争取一下。当然了，男生也是一样。虽然徐志摩甩掉张幼仪是他的错误，但他也只错在甩人的手段太过残忍，想要摆脱家庭包办婚姻的态度和想法，倒是可以试着原谅的。毕竟，人家也只有那么一辈子，也是真心想要找个能相爱的人。又或者，他在最初遇到张幼仪时，清清楚楚说出自己对她的感受，也许还能来得及补救。

再说回像张幼仪这种被甩的女孩子，好在她肯发奋图强，但其实她所有的强大都是分内之事，人本来就应先学会爱自己才能好好去爱人。我承认，有些女人是无法承受这种类似于"丧生"的沉痛打击，但人原本就不能活在对别人的依赖中，命运是掌握在自己手上的。用今天的俏皮话说，就是"千金难买我愿意"，而对于自己不愿意的事情，你可以做出反抗。因为别人不懂你的感受，你自己懂。

1924年春，陆小曼结识了诗人徐志摩，那时她并未发觉，这场命中注定的相遇，将会改变她一生的轨迹。当时徐志摩出任北京大学教授，寄居松坡图书馆。小曼热衷参加各种社交活动，在一次京剧义演中，两人都作为名流出演了《春香闹学》，徐志摩扮老学究，陆小曼扮丫鬟，切磋磨合之中互生情愫。

徐志摩曾这样描述自己初见陆小曼时的心境："今晚在真光我问你记否去年第一次在剧院觉得你发鬓擦着我的脸。"诗人是敏感的，对爱情充满了激情，诗人的血液里流淌着热情的火苗，而小曼又孤独寂寥了太久，他们相遇的时节正值一个热辣辣的夏天——这一切不是太巧了吗！小曼忽然觉察到，她恋爱了。是靠近他时少女特有的那种脸红心跳，是无论做什么事都会想到那个人，是独自想着想着就会恍惚、会不自觉扑哧一下笑出来，是"一日不见如隔三秋"般觉得时间过得好慢。

诗人徐志摩的闯入，犹如一把熊熊燃烧的烈火，将小曼心头对爱情的渴望点燃。

说起民国的风流诗人徐志摩，我想今日的诸位，哪怕只是热衷"花边新闻"而无意研究其诗歌成就的人，也都并不陌生。徐志摩是浙江海宁人。徐家是当地的富商，家里开办了发电厂、布厂、绸缎庄等，沪杭两地都有工商业务，可谓江南地区屈指可数的富户。徐志摩的父亲徐申如娶了两房太太才得了徐志摩这么一个儿子，全家上下将其视为珍宝。父亲望子成龙，希望儿子能有一番成就，找了最好的私塾给他上。而徐志摩小小年纪聪明伶俐，也很让父亲满足。

长到十八岁，徐志摩从浙江一中毕业，接着考入上海浸信会学院暨神学院（沪江大学前身，现为上海理工大学），才华横溢，写得一手好文章。张幼仪的哥哥就是看中他这点，才做主将妹妹介绍给了他。在两家大人的见证下，两个还是少年少女的孩子结成夫妻。就是这段结合，造成了两个人以后一系列的婚姻悲剧。要说，张幼仪也是出身于富庶之家，无论从哪个方面看，与徐志摩倒也算得上"门当户对",她为人也很贤良淑德,对待公婆就像对待自己的亲生父母。但徐志摩对她就是没有那种所谓爱的火花,甚至还很鄙夷她的穿衣打扮、思想学识,戏称她与自己是"小脚与西服"。

不过,好在他像完成任务似的与张幼仪结婚之后,就立即动身去上海读书了。后来,他终于来到了北京,通过文人的交际圈子,认识了不少当时的社会名流,其中就有林徽因的父亲林长民。由此,更与林徽因展开了一段少年忘情的热火初恋。当然,这又是他与林徽因的一段爱情故事了。虽然当时林徽因也只有十六岁的年纪,但是受过西方思想教育的她,却对爱情有更长远的看法。当她得知徐志摩已经结婚,就开始有意回避这段感情。最终,选择了另外一位优秀青年梁思成。

爱情梦碎,徐志摩在遇到陆小曼时,正处于感情最低靡的时期。痛失爱情,给徐志摩带来了堪称灭顶之灾的沉重打击。他急切地想要找到一个能够倾诉的女性对象,弥补林徽因留下的感情空缺。于是,当他第一眼见到美丽不可方物的陆小曼时,便陷入了对她的疯狂迷恋中。以前听人家说,爱情是止痛药,尤其是对治愈失恋很有效,不是说"忘掉一段伤痛最好的办法就是开始下一段"吗……在林徽因过后的这"下一段"恋情里,徐志摩爱上了美艳的人妻陆小曼。

或许诗人看待人妻的身份,也与常人大不相同吧,又或者民国的风气整体是开放的，胡适等人也是在小曼婚后，才展开了一系列对她的狂热追求。而在徐志摩的眼中，陆小曼象征着美好与纯洁，她有着世界上最干净清澈的灵魂——特别是小曼那种似水柔情的模样，此前已经迷倒了众多有志青年，更不消说一个"头脑狂热"的诗人了。

其实，在我看来，林徽因的长相也是极标致的，可惜相比小曼来说，就少了那么一点女儿家该有的柔情，她的骨子里更多的是一种男儿的英气。也就是这样的陆小曼，长得美，学识好，又是"北京城一道著名的风景"，才能轻易夺走大诗人的心。

画家刘海粟第一次见陆小曼，是在胡适的引见下。就在他们相互聊天的空当，徐志摩匆匆地赶了来，但他的行为举止却很是反常，与刘海粟平素认识的那个能说会道的人截然不同。他回忆这段往事的原文是这么写的："徐志摩接着就赶来了。但是奇怪，他微笑着和小曼打了招呼，却不说话。席间，他总是用眼神而不用嘴巴。我想，豪饮且健谈的志摩，怎么今天拙于言辞了？也许被王太太的睿智和辩才所慑服了？"

接下来发生的片段，就更令他感到疑惑："小曼对我很敬重，她拿出自己的许多字和画来给我看，要我批评。我对她说，'你的才气，可以在画中看到，有韵味，感觉很好，有艺术家的气质，但笔力还不够老练，要坚持画下去，一定能成为一个好画家！'听了我的话，小曼倒还沉静，可是志摩已经按捺不住心头的 喜悦。他握着我的手说，'海粟，你真有眼力！'当时我心想：你激动什么？"……

　　一种男女间特有的情愫，在北京城的上空默默地流淌着，人们还不知道，一场惊天动地，轰动京师的旷世奇恋，就要到来了。

惊天动地，我的爱是迟来的信笺

　　我想，绝世的爱恋，当属那正当好的年纪，爱上了一个正当好的人。大文豪沈从文在当年热烈追求张兆和时，就曾写："我行过许多地方的桥，看过许多次数的云，喝过许多种类的酒，却只爱过一个正当最好年龄的人。"

　　而著名诗人席慕蓉也曾说："如何让你遇见我，在我最美丽的时刻。"

　　可是，人间原本就有许多的遗憾。偏偏有那么多美好的感情，在我遇见你时，你已有了别人；在你为我放弃一切回头时，我已踏进婚姻。

　　还有那么一句伤人的缘分，却是"君生我未生，我生君已死"。想来，是多么惋惜。

　　小曼遇到志摩，便已是缘分迟到了许久。但她是真性情的人，在懂事以前不明白爱情是何种感受，所以才听命别人做主，草草步入了婚姻；懂事之后，她彻底明白眼下的生活不是自己所追求的，就在心底牢牢打下了主意，要跟王赓有个了断，然后跟志摩携手一生。

娇弱瘦小的小曼，在对未来的决断上，倒是颇有主见的。她在《爱眉小札》中这样写道：

"在我们初次见面的时候（说来也十年多了），我是早已奉了父母之命媒妁之言同别人结婚了，虽然当时也痴长了十几岁的年龄，可是性灵的迷糊竟和稚童一般。婚后一年多才稍懂人事，明白两性的结合不是可以随便听凭别人安排的，在性情与思想上不能相谋而勉强结合是人世间最痛苦的一件事。当时因为家庭间不能得着安慰，我就改变了常态，埋没了自己的意志，葬身在热闹生活中去忘记我内心的痛苦。又因为我骄慢的天性不允许我吐露真情，于是直着脖子在人面前唱戏似的唱着，绝对不肯让一个人知道我是一个失意者，是一个不快乐的人。这样的生活一直到无意间认识了志摩，叫他那双放射神辉的眼睛照彻了我内心的肺腑，认明了我的隐痛……"

或许是上苍明白小曼忍受这种不得意的生活太久了，担心她再这样下去会把自己闷坏，所以才派了志摩来救她一命……

看到这里，我恍然对这一幕有所熟识，仔细一想——这不是前不久刚刚发生在我生活里的一件事吗？我的一位大学同学，最近一年多总是打来电话诉苦，她虽跟现在的先生是自由恋爱结合，但婚后却发现俩人非常不合适。她和先生两个人都是急脾气，一点小事就能吵得不可开交，几次下来先生甚至要扬手打她耳光，为此，他们的关系岌岌可危。考虑到两个人现在没有孩子，她打算离婚。可是自结婚以来她已一年多没有出去工作，总是担心离开先生以后，自己的生活会变得困难，于是，就这么一直耽搁着。

我本以为事情也就是如此了，却不曾想两天前她又给我打来一通电话说，她在上午已经跟先生办理了离婚手续，一想到再也不用过这种"强低头"的生活，她整个人都变得好得意，连声音里也带着一股难以名状的兴奋感。我问她为什么偏偏这次就下定了决心，她又一笑，悄悄告诉我说，是因为最近遇到了另一个脾气很好的追求者。

看吧。虽然说在生活中，我们很多人都知道"保持希望"是一件非常重要的事情，可是真正能主动为自己制造希望和光明的人，毕竟还是少数。大部分人既不甘心过眼下苟且的人生，却也害怕走出目前所谓的"安全区域"，人类内心深处对未知的事物充满了恐惧，所以才不敢轻易打破当前的稳定结构。

——所以，能够真正主动掌握自己命运的人，实乃少数中的少数。

从小曼的文字记录中可以看出，小曼也是这样一位普通的女子。但好在上苍对她的解救也很及时。

若说志摩对小曼是才子佳人式的一见钟情，那么小曼对志摩则属于在长久的陪伴下稳定地擦出了火花。

王赓的性格有些木讷，没有丝毫恋爱经验的他，根本不懂得如何赢得美人心，再加上他与小曼之间也是实打实的"包办婚姻"，所以婚前他们也着实没有太多感情。而他又是一位工作狂，对工作的认真也使他很少关注小曼的情感需求，反而是在小曼想要依靠的时候，总习惯性地丢下一句："我没空，叫志摩陪你玩吧。"

徐志摩与王赓同是梁启超的学生，两人私交甚好。王赓工作不忙时，常邀请志摩同他们夫妇一起到西山看红叶，玩累了就去"来今雨轩"喝茶，或者去舞厅跳舞。小曼爱好文艺，性格也活泼好动，自然对这位凡事处处彰显出热情与活力的诗人颇有好感，也常常就一些文学上的问题向对方请教。一来二去，王赓觉得妻子在志摩面前倒有了些许生机和笑容，也就不介意志摩得空时能来多陪陪她。

于是，每当小曼空虚时，王赓便拿志摩来做"挡箭牌"；而每当志摩来家中拜访时，他也还是一心盯着工作，干脆就叫小曼作陪——一来二往，诗人与热衷文艺的小曼愈发熟稔。说起来志摩倒是心甘情愿，他第一次见小曼就心生好感。而随着相处的时间越来越久，小曼也渐渐开始不满于他们仅仅只是丈夫的朋友和朋友的妻子这种关系了。

后来，王赓调任到哈尔滨，她在北京的家一下子更冷清了，于是跟志摩的接触也就更加频繁起来。虽然小曼与志摩的"交往"是得到王赓首肯的，但两个人毕竟"使君有妇，罗敷有夫"，志摩往小曼的住处跑得多了，也渐渐生出一些流言蜚语。

可是高傲如小曼志摩，两个人是不惧怕流言蜚语的。尤其是志摩，其生来似乎就是一个"爱情的使者"，一句"我将于茫茫人海中访我唯一灵魂之伴侣，得之，我幸；不得，我命"，就将自己寻找爱情的决心，告白于天下。也可能是在这种莫大的压力之中，他们反而不再那么拘束和扭捏，大胆地进行着两人的"疯狂而持久的热恋"。

天气好的时候，他们游长城，逛天桥，忙得不亦乐乎！倘若出不了远门，志摩就陪着小曼一起打牌；小曼喜欢听戏，志摩也买了戏票，陪着小曼有说有笑地走进戏园子；小曼热衷画画，家里有不少她兴起时临摹的丹青，志摩每幅画都热心注视，给出中肯而妥帖的点评，又通过自己的人际关系，介绍了不少京城画界的名家给她认识——人家说，"陪伴是最长情的告白"，就这样你陪陪我，我陪陪你，两个人愈发离不开对方了。

而我在想，小曼这些喜好也不是一时兴起，她在婚前就有这样的生活习惯了，她那些像宝贝似的画作，常年放在房间的某一处，王赓却始终未能发现，更别说是陪着妻子一块儿赏花作画了。这使我忽而想到李清照与赵明诚的感情，他们之所以能够相好多年，不外乎二人经常"赌书泼茶"。可见，小夫妻间确实要有些共同的兴趣才好，有利于和谐生活。

这些东西，可是小曼的精神生活，要知道，她能够成为京城最著名的名媛，也是因为她自己很喜欢和适合这些珍贵的文艺创作。而对于志摩来说，小曼就像一道闪电，重新照亮了他暗淡的世界，也像一捧甘露，滋养着他清贫干枯的人生。自从遇到小曼，志摩作为诗人的情思便打开了，他为她写下了很多脍炙人口的美丽诗句："我的诗魂的滋养全得靠你，你得抱着我的诗魂像母亲抱孩子似的，他冷了你得给他穿衣，他饿了你得喂他食——有你的爱他就不愁饿不怕冻，有你的爱他就有命！"

啊，不置可否，此时的志摩，已经深深地爱上了小曼。

而小曼呢，当她在脑海中将眼前这两个人互为对比后，第一个反应就是震惊。多情的才子志摩为她的世界打开了一扇美丽的窗子，更重要的是他能读懂自己那小心翼翼藏好的内心世界。小曼知道，这才是她一直想要的理想伴侣。可是，眼下她已经结婚了，"全天下的人都知道她是个有夫之妇，这可怎么办才好……"她陷入无限的伤感。

这份迟来的爱，让小曼有了心事。

赴汤蹈火，志摩愿做折花人

　　要是有位多情的诗人为你写美好而婉约的情诗，你会作何反应呢？我也曾设想过，人这一辈子究竟是要为别人活着，还是为自己。特别是遇到小曼这种情况，如果想要活出自己，未免要辜负一人，令父母担忧，还要连累自己喜欢的人一同背负社会道德的谴责质问；但倘若不为自己活着，最后辜负了心上人不说，同样浪费虚度了自己的大好青春。

　　不是说人生何时开始都不晚，只要你愿意吗？

　　小曼终究是勇敢的。她看穿了将一场"有名无实"的僵尸婚姻坚持到底，自己和周围人将会得到一个怎样的结果。何况她也已经那么喜欢志摩了，一定不忍心要他再次承受失去心上人的致命打击。

　　更重要的是，她这样一个正当年纪的女子，却还从未真正爱过一回呢。所以，她怎么能轻易就这样放弃跟志摩的相爱？

她不能。

想要公开他们的恋情，想要跟志摩真正走在一起，她就要跟王赓提出离婚。但是，应该怎么跟父母和王赓说呢？她心里还打不定主意。

然而，风暴比她想象中要来得更快，更猛烈。就像志摩写给小曼的那首《雪花的快乐》，在这一年的冬天，冬雪悄无声息降落大地的时候，小曼与志摩的恋情，也在京城的上空，被传得沸沸扬扬。

两个人都是社会上风头正劲的"名人"。小曼虽嫁了人，名媛的身份却还一直在的，因此平素里自然有不少人仍在热切追捧，想要"一睹风采"；而志摩那时也是才华横溢名震京城，是无数女人眼中的绝对情人。况且，他刚刚结束与林的一段恋情，人们还没缓过劲来，他又投入陆小曼的怀抱，这速度快得也实在使人目不暇接。

在当时的社会，民间风化虽不再封建有如前朝，却对女子的"忠贞"依旧看重，仍然要求其遵守"三从四德"。小曼身为有夫之妇，自然不能跟丈夫以外的男人产生关系。平日里，她站在高处享受到了所有人的鲜花与掌声，到了此刻，也理应承受命运的责罚，承受大家的唾弃与辱骂。一时间，类似"淫奔之徒""不知廉耻"这样的词句，犹如一股滔天巨浪，将小曼淹没。

这些人怎么能这样呢？在她还是"干净"的名媛时，每个人都擦亮眼睛，紧紧盯住她的消息，恨不得能早早亲眼见到她的风采，与之共舞一曲；可是当她明白自己想要怎样的爱情，并且还未有所动作时，他们就又化身守护正义的门徒，纷纷朝她身上丢"臭鸡蛋"，似乎辱骂她可以让自己的人格显得更加高尚——对一个人的崇拜与喜欢，若是假和虚到这种地步，那这样的喜欢，未免也太脆弱了些。

当然，志摩那边也并不好过。因为王赓是他的朋友且也是梁启超的学生，梁启超对徐志摩这种"横刀夺爱"的做法亦是嗤之以鼻，指责他"是把自己的幸福建立在别人的痛苦之上"。

小曼和志摩的家庭自然也不能接受这样的结果。要知道，陆定夫妇自小将小曼当作掌上明珠，特别是母亲吴曼华，是一开始就朝着"名媛"的方向对小曼进行栽培的，眼下好不容易女儿有了一个令其非常称心的归宿，她断然不能容忍女儿做出这种断送一生的事情。而且她并不欣赏徐志摩那样的文人，虽有一肚子的才华，但毕竟没有王赓如今光明的前途。于是，当她颤颤巍巍地从小曼口中得到"确认"时，她几乎要瘫软在藤椅上，眼泪流下来的瞬间，她在暗地里把心一横：不行，我一定要狠心让女儿断绝这个错误的念头。

一旁的陆定也并不好受。他虽然嘴上没说什么，却也觉得这毕竟算是一件"有辱家风"的不光彩的事。女儿突然发生这种事，搅得他连上班的心思都没有了，但好在他没有对小曼施加过多的压力。

就在大家为这件事伤透脑筋时，此事最大的受害者王赓，却意外地表现出一个军官应有的风度。得到消息的那一刻，他整个人要气晕过去，可是很快他就冷静下来，虽然他还未想通，为何离家一段时间，妻子小曼会做出这样的举动。但他却想明白了，既然悲剧已出，眼前最好最正确的做法，就是凭借自己"丈夫"的身份，联合陆定夫妇以及圈子里大家共同的好友，一起想个办法，化解尴尬。

他以为，小曼怎么也是知性懂事的新时代女性，看在道德约束和双方父母的面子上，她早晚都会想开。

而在陆家这边，事发之后，小曼就被母亲彻底关押起来了。吴曼华只有一个想法，就是"不能再让小曼同志摩见面"。她以为女儿一向乖巧懂事，对徐志摩的感情只不过是一时兴起，待两个人慢慢地不再见面，这感情就会逐渐冷却，女儿也终能继续自己未来的幸福生活。

失去自由的小曼，成了一个行动不便的"犯人"，除了受制于母亲，她还整天都面临着母亲随时会来的"语言暴力"——关乎这段，虽然我所阅读的很多历史资料中，未必提及陆母对女儿的"教诲"有哪些，但我想总少不了"你给我死了这条心"之类的狠话。

小曼不得见志摩，此前也从未有过被禁足的生活经历，恐惧与担忧使她脆弱，对志摩的思念也使她分心，恨不得整日以泪洗面。小曼恨自己的父母为何不理解她，也恨自己当初为何要把命运妥妥地交在别人的手心。透过密封的房间，以及窗外的枝桠，她努力地揣摩志摩的心思，他会害怕吗？他会就此束手就擒还是选择同自己一块儿作战？风无声吹过，一卷残叶在地上翻滚，日子不知不觉又流逝掉一些，这件事一定能有个结局吧。小曼心里想着。

　　面对满城风雨，徐志摩自然是痛苦不堪。虽然恋爱之于他比生命更重要，但毕竟小曼也是好朋友的妻子。如今，他们的爱情令身边的人都如此痛苦，再看到小曼更为此付出失去自由的代价，志摩内心也是焦灼如火，苦痛难言。他不是没有想过放弃。刚好这时，他接到泰戈尔的来信，邀请他一起去意大利游玩。志摩心想，留在国内也解决不了事情，胡适也劝他不如趁机出远门散散心。于是，1925年3月11日，徐志摩乘渡轮前往欧洲，小曼和王赓得到消息，前去送行。送行的当天，小曼哭得泪眼婆娑，志摩就一步三回头，只把个王赓晾在一旁，好似路人甲。那种感觉，好似他就是拆散一对璧人的罪魁祸首。小曼似乎有意不想要王赓看到她的眼泪，将要转头面对他时，早已用手绢将眼泪收拾干净。而王赓却早已明了一切，他轻轻地迎上小曼，在她的耳边说："你是哭了吗？你心里很难受是吗？"

　　其实他心里清楚，小曼对于志摩这样的爱，永远都不会给自己。她对志摩，完全是真心的，并不是一时兴起。只是现在，他真的还放不开。

虽然外界更多地还是站在伦理纲常的一边，选择将小曼和志摩孤立，可使人感觉温暖的是，"文化圈"里亦有许多真正懂得和体谅他们的人。

对于他们的相爱，郁达夫在《怀四十岁的志摩》一文中表达出很精彩的观点："忠厚柔艳如小曼，热情诚挚如志摩，遇合到一起，自然要发放火花，哪里还顾得到纲常伦教，顾得到宗法家风。"他还说："志摩和小曼的一段浓情，若在进步的社会里，有理解的社会里，这一种事情，岂不是千古的美谈？"刘海粟也说："可爱可敬的小曼，当年就是在那些自以为是反封建，实际上封建得可以的文人雅士们的唾沫中遭际不幸的。"

那么我呢，我的态度又是什么？

我曾看过一部名为《不忠》的美国电影，它的副标题是《不谙平淡的女人最好得手》。在当时看到这个标题时，我第一眼就想到了名媛陆小曼。倒不是小曼觉得婚后生活寡淡无趣，才要故意选择走另外一条背负了骂名的道路。我在看了有关她的那么多文章和书籍后，始终对她怀有一颗悲悯的同情心。首先，她这段不幸的婚姻是父母安排的；其次，她当时仍是一无邪少女，没有任何恋爱经验，对婚姻生活自然无法把握；最后，我大胆猜测，倘若不是后来徐志摩的及时出现，小曼也仍会以每日赴舞厅跳舞聊度人生，不至于再结一回婚。但话又说回来，热情如火、绝代风华又这样年轻的陆小曼，即便今生遇不到一个徐志摩，也注定将遇到什么别的人。所以说，有些事情虽说本身千错万错，可也不能全怪罪到当事人的头上。

　　话又说出来，恋爱本来就是公民的个人自由。他们两个，郎有情妾有意，难道要小曼守着"名存实亡"的婚姻生活终其一生就是合理的吗？

　　世间养个美人是要美人鲜活给众人看的，倘若没有了爱，小曼还能尽情地绽放吗？

柳暗花明，小曼日记诉衷情（1）

一件事情打了死结，想来是一时半会儿无法解决得了了。我想，大多数人的做法，也会是志摩的做法。

昨天看了一篇文章，名为《忍受简单的能力》。作者在文中总结："其实没有什么复杂的道理，都是简单的，但却难以坚持的东西。比如制订健身计划以来，每天晨跑两个小时；比如为了身体健康，决心每天务必在11点前上床睡觉；比如坚持'今日事，今日毕'的工作和生活习惯；比如，坚持脚踏实地地，去爱一个人。"

骐骥一跃，不能十步；驽马十驾，功在不舍。到最后，你就能发现，所有的比拼不过是体力与坚持的比拼。因为最影响一个人成就的真正因素，可能不是智商，也不是努力，而在于他有多"踏实"。

持续而踏实地去爱一个人，终能让所有反对你们的人，看到你们爱的勇气，了解你们爱的决心。就像赵四小姐对张学良一样，她当年不也是身背万世的骂名，却最终踏踏实实地陪他度过了几十载春秋，从而为自己正名。

往往开始做一件不契合这个社会习俗的事情，人们总习惯对此说出各种各样难听的话，"哗众取宠""恬不知耻"，那是他们已经在陈旧的"道德规范"与众人"人云亦云"的呼喊声中，渐渐迷失了自己的立场。真正有思想能力的人，会让自己静观其变，踏踏实实地看清楚一件事的本真。

"山重水复疑无路，柳暗花明又一村"。好在这个世界，还有一件上苍赐予人类的礼物，那便是希望。

因为这件珍贵的礼物，这个在志摩眼中"怯懦的世界"，"残忍到容不得人们恋爱"的世界，也终于慢慢有了转机。

志摩临去欧洲前，曾有朋友在酒楼摆酒，为他践行。志摩去了欧洲以后，小曼对他的思念有增无减。她打开那封临行前，他托别人交到自己手上的信，一行清秀而熟悉的字迹跃入眼帘：

龙龙：

　　我的肝肠寸寸地断了，今晚再不好好地给你一封信，再不把我的心给你看，我就不配爱你，就不配受你的爱。

我的小龙呀，这实在是太难受了，我现在不愿别的，只愿我伴着你一同吃苦。你方才心头一阵阵地作痛，我在旁边只是咬紧牙关闭着眼替你熬着。龙呀，让你血液里的讨命鬼来找着我吧，叫我眼看你这样生生地受罪，我什么意念都变了灰了！你吃鲜鲜的苦是真的，叫我怨谁去？

离别当然是你今晚纵酒的大原因，我先前只怪我自己不留意，害你吃成这样。但转想你的苦，分明不全是酒醉的苦，假如今晚你不喝酒，我到了相当的时刻得硬着头皮对你说再会，那时你就舒服了吗？再回头受逼迫的时候，就会比醉酒的痛苦强吗？咳，你自己说的对，顶好是醉死了完事，不死也得醉，醉了多少可以自由发泄，不比死闷在心窝里好吗？所以我一想到你横竖是吃苦，我的心就硬了。我只恨你不该留这许多人一起喝，人一多就糟。要是单是与我对喝，那时要醉就同醉，要死也死在一起，醉也是一体，死也是一体，要哭让眼泪和成一起，要心跳让你我的胸膛贴紧在一起，这不是在极苦里实现了我们向往的极乐，从醉的大门走进了大解脱的境界，只要我们灵魂合成了一体，这不就满足了我们最高的想望吗？

啊！我的龙，这时候你睡熟了没有？你的呼吸调匀了没有？你的灵魂暂时平安了没有？你知不知道你的爱正在含着两眼热泪，在这深夜里和你说话，想你，疼你，安慰你，爱你？我好恨呀，这一层层的隔膜，真的全是隔膜，这仿佛是你淹在水里挣扎着要命，他们却掷下瓦片石头块来算是救渡你，我好恨呀！这酒的力量还不够大，方才我站在旁边我是完全准备了的，我知道我的龙儿的心坎儿只嚷着"我冷呀，我要他的热胸膛偎着我；我痛呀，我要我的他搂着我；我倦呀，我要在他的手臂内得到我最想望的安息与舒服！"——但是实际上我只能在旁边站着看，我稍微地一帮助就受人干涉，意思说，"不劳费心，这不关你的事，请你早点去休息吧，她不用你管！"

哼，你不用我管！我这难受，你大约也有些觉着吧！

方才你接连叫着，"我不是醉，我只是难受，只是心里苦。"你那话一声声像是钢铁锥子刺着我的心：愤，慨，恨，急的各种情绪就像潮水似的涌上了胸头；那时我就觉得什么都不怕，勇气像天一般的高，只要你一句话出口什么事我都干！为你我抛弃了一切，只是本分为你我，还顾得什么性命与名誉——真的假如你方才说出了一句半句着边际着颜色的话，此刻你我的命运早已变定了方向都难说哩！

你多美呀，我醉后的小龙，你那惨白的颜色与静定的眉目，使我想象起你最后解脱时的形容，使我觉着一种逼迫赞美崇拜的激震，使我觉着一种美满和谐。龙，我的至爱，将来你永诀尘俗的俄顷，不能没有我在你的最近的旁边；你最后的呼吸一定得明白报告这世间你的心是谁的，你的爱是谁的，你的灵魂是谁的！龙呀，你应当知道我是怎样地爱你，你占有我的爱，我的灵，我的肉，我的"整个儿"。永远在我爱的身旁旋转着，永久地缠绕着。真的，龙龙，你已经激动了我的痴情。我说出来你不要怕，我有时真想拉你一同死去，去到绝对的死的寂灭里去实现完全的爱，去到普遍的黑暗里去寻求唯一的光明。——咳，今晚要是你有一杯毒药在近旁，此时你我竟许早已在极乐世界了。说也怪，我真的不沾恋这形式的生命，我只求一个同伴，有了同伴我就情愿欣欣地瞑目；龙龙，你不是已经答应做我永久的同伴了吗？我再不能这样放松你，我的心肝，你是我的，你是我一辈子唯一的成就，你是我的生命，我的诗；你完全是我的，一个个细胞都是我的——你要说半个不字叫天雷打死我完事。

我在十几个钟头内就要走了，丢开你走了，你怨我忍心不是？我也自认我这回不得不硬一硬心肠，你也明白我这回去是我精神的与知识的"散拿吐瑾"，我受益就是你受益。我此去得加倍地用心，你在这时期内也得加倍地奋斗，我信你的勇气这回就是你试验、实证你勇气的机会。我人虽走，我的心不离开你，要知道在我与你的中间有的

是无形的精神线，彼此的悲欢喜怒此后是会相通的，你信
不信？（身无彩凤双飞翼，心有灵犀一点通。）我再也不
必嘱咐，你已经有了努力的方向，我预知你一定成功，你
这回冲锋上去，死了也是成功！有我在这里，阿龙，放大
胆子，上前去吧，彼此不要辜负了，再会！

　　　　　　　　　　　　　　　摩　3月10日　早3时

　　小曼怔怔地读完信，此时已是泣不成声。信里有心爱之
人对她的牵挂，也有誓死为这段感情付出的决心。她是感动
的，由此也愈加决绝。她从字里行间能清楚地看到他的伤
心、痛苦与无奈，也试着说服自己，继续为这段仍看来无望
的感情做最后的斗争。

　　志摩走后的日子是轻松了一些，因为人不在眼前，她知
道自己可以暂时逃离家人的紧逼，加上每隔几天就能收到他
从欧洲邮寄来的信笺，小曼的心情自然要比之前好一些。

　　那日，她忽然想到志摩嘱托她也要每天都写日记的事。
原本她是不爱拾笔写字的，可是为了她心爱的摩，她这样一
个自我的女子，竟毫不犹豫地拂逆了自己的意，从此以后，
每日的生活起居、对志摩的思念、自己的决心等都成为她笔
下的内容。1925年3月11日的晚上，注定值得被历史纪念。
因为这一天晚上，两个才华横溢的女子都在写情书。首先一
位自然是本书的女主人公陆小曼，另一位则是自称小学生的

许广平，她白天听鲁迅上课，晚上给鲁迅写了第一封情书。

　　而在小曼写给志摩的第一篇日记里，小曼是这样开头的："我现在起始写一本日记，实在不能说是什么日记，叫'一个可怜女子的冤诉'吧。"1925年，陆小曼二十二岁，月亮一样美好的年纪，像任何一位怀春的少女一样，迸发出了对爱人的思念。

柳暗花明，小曼日记诉衷情（2）

　　如今看到小曼与志摩的热恋，使我也不由自主怀念起学生时代的单纯情感。记得那时候我跟心爱的人也喜欢通信来往。每次拿到他的信件，一路上心跳得就像是小鹿乱撞。展开信，总也舍不得去读信中的内容，觉得读完就没有了，而这些内容却是他饱蘸着心血，一字一笔写就。

　　读心上人的信件是件快乐的事情，犹且记得当初我们也习惯以"爱某小札"命名各自的日记。如今，多少年过去，那样巨细温存的恋爱流光，仍是我这一生最美的回忆。

　　信笺像雪花似的从欧洲陆续飞到小曼的桌头，小曼独自一人为争取两人的感情孤军奋战，这些信笺成了最好的良药。

　　她无比地思念着志摩，幻想待他归来后，自己就已经取得这场"战争"的胜利，然后扑到他怀里把那个等了太久的好消息告诉他。为此，她默默地努力着，鼓足了勇气一次次去向母亲告白。理所当然地，得到的总是一顿臭骂。

一日，小曼跟随母亲去亲戚家做客。原本只为出门透气的小曼，却不想在亲戚这里又遭一回嫌隙。那些表面圆滑实则讥讽的话，令她义愤填膺，处境尴尬乃至"无地自容"。她不清楚这个世界是怎么了，为什么每个人都爱抓着别人的私生活嘲笑个没完！接到志摩的信笺时，她自以为世界一片光明，可此时此刻，面对亲戚无情的指责，她又觉得自己是坠入了万丈深渊，看不到一丝希望了。回到家中，她气愤而感伤地摊开纸笔抒发胸臆，每一个字都蘸满了她愤懑的细胞。在日记中，她这样写道："我真恨，恨天也不怜我，你我已无缘，又何必使我们相见，且相见而又在这个时候，一无办法的时候？在这情况之下真用得着那句'恨不相逢未嫁时'的诗了。现在叫我进退两难，丢却你不忍心，接受你又办不到，怎不叫我活活地恨死！难道这也是所谓的天数吗？"

但她实在也不愿就此放弃和志摩的爱。小曼是倔强的，她要过心甘情愿的生活。她还就真的不信了，难道老天爷就真的不肯为两个真心的可人儿，开一开他的眼吗？也是靠着志摩特别殷勤的信笺，她一次次地重拾勇气，将满腔的真情化作纸上的文字，用记录的方式为自己加油打气："摩！为你我还是拼一下的好，我要往前走，不管前面有几多的荆棘，我一定直着脖子走，非到筋疲力尽我绝不回头的。因为你是真正地认识我，你不但认识我表面，你还认清了我的内心，我本来老是自恨为什么没人认识我，为什么人家全拿我当一个只会玩只会穿的女子。只有你，摩！第一个人从一切的假言假笑中看透我的真心，认识我的苦痛，叫我怎能不从此收起以往的假而真正地给你一片真呢！我自从认识了你，我就有改变生活的决心，为你我一定认真地做人了。"

我想，小曼对于徐志摩，是既有"女为悦己者容"的欢喜，也有"士为知己者死"的决心——故而，她对他的喜欢和爱，绝非是建立在一时的冲动之上，而是切实地感到有这样一个难得的、肯珍惜自己的人，所以才甘心地为对方付出如此多的努力。

寥寥几句，即读懂小曼为何要如此执意。张爱玲曾说："因为懂得，所以慈悲。"胡兰成背信弃义，那样伤害她她最终也没有恨。只是因为，她知道那个男人是真正地懂她。现在有句话说得也很好："对于两性之间，遇见爱，遇见性都不难，难得是遇见了解。"一个有才华的女人更是如此。对于小曼来说，世上心疼她的人有之，关爱她的人有之，可真正懂她的，却只有徐志摩一个。叫她怎能不想要争取？

志摩走了以后，时间仿若成为最大的宿敌，小曼只感觉一日一日的煎熬。白天还好，有一些她的朋友来探望，几个人聊聊天解解闷，很快就把一天的时光都打发了。可是到了晚上，夜深人静，四周更是寂静得一点声响也没有，可怜的小曼就落入了孤独这个恶魔的手心，她整晚整晚地睡不着觉，就从床上爬起，继续给心爱的志摩写信：

"因为昨晚一宵苦思，今晨又觉得满身酸痛，不过我快乐，我得着了一个全静的夜。本来我就是最爱清静的夜，静悄悄只有我一个人，只有滴答的钟声做我的良伴，让我爱做什么就做什么，不论坐着，睡着，看书，都是安静的。再无聊时耽着想想，做不到的事情，得不着的快乐，只要能闭着眼像电影似的一幕幕在眼前飞过也是快乐的，至少也能得着片刻的安慰。昨晚想你，想你现在一定已经看得见西伯利亚的白雪了，不过你眼前虽有不容易看得到的美景，可你身旁没有了陪伴你的我，你一定也同我现在一般地感觉着寂寞，一般地心内叫着痛苦的吧！我从前常听人言生离死别是人生最难忍受的事情，我老是笑着说人痴情，谁知今天轮到了我身上，才知道人家的话不是虚的，全是从痛苦中得来的实言。……做人为什么不轰轰烈烈地做一番呢？我愿意从此跟你往高处飞，往明处走；永远再不自暴自弃了。"

面对小曼的一片真情，志摩也热情地回应着："曼，我已经决定了，跳入油锅，上火焰山，我也得把我爱你洁净的灵魂与洁净的身子拉出来。"

4月的一天，吴曼华收到了徐志摩从欧洲寄来的一封信，他在信中请求做父母的为女儿的幸福留一条路。吴曼华看完信以后，怒火更甚，她在院子里大骂徐志摩不但不为他们做人父母的想想，反倒讲一些大道理来教训他们。

小曼自然也读了信，她为母亲对志摩的态度深深懊恼，但她的"冤屈"无处诉，只能写给志摩看："你为我太苦了，摩！你以为你婉转劝道一定能打动她的心，多少给我们一条路走走，哪知道你明珠似的话好似跌入了没底的深海，一点光辉都不让你发，你可怜的求告又何尝打得动她滑石一般硬的心呢！一切不是都白费了么？到这种情况之下你叫我不想死还去想什么呢！不死也要疯了，我再不能挣扎下去了。"

或许是内心挣扎了很久，面对母亲始终强硬的态度，面对丈夫王赓仍在死死坚守婚姻的态度，小曼真的心累了。再加上她原本就体质孱弱，在志摩离开后的这个四月，她终于重重地病倒了。陆家人着急忙慌地将她送进医院，经过医生的诊断，总算没有太大的危险。可是因为涉及心脏的问题，医生还是郑重地告诉吴曼华说，小曼是因为近期心力交瘁累倒的，如果不好好休息将会性命攸关。

这句话着实把陆定夫妇吓到了，小曼是家里千辛万苦才留住的一棵独苗，父母本是为了要她幸福才要步步紧逼，现在非但没有个结果反而亲手将女儿送上了病床。望着因生病而脸色苍白的女儿，他们决心暂时将此事搁置再议，好让小曼能静心休养。恰巧，当时王赓被委派到南京任职去了，临行前他嘱咐朋友胡适和张歆海帮忙照顾小曼。

小曼"大难不死"，身边又有了两位好朋友的悉心开导，心情渐渐好了起来。王赓大概想不到他的这两位朋友，实则也是"挺徐派"，他们对于志摩小曼的这段恋情，完全是持支持态度的——我私下里想，难道这与他们对小曼存有私心有关？或许"半个君子"正是这样的吧，虽自己注定无法得到美人的芳心了，但能助其成就人间的一段佳话似乎也是好的。

只是苦了丝毫不通儿女情事的王赓。他哪里都很好，也是个十足上进的青年，却因为不懂得女儿家的心思，就落得这样的下场，让人看着，也是觉得很值得同情。偏偏志摩、胡适和张歆海都是他的朋友，但每个人做出来的事情却好像并没有"对得起"这份交情。看着王赓，我忽然想起前不久我在网络上阅读到的一篇文章，名字叫作《你是个无用的好人》，里面讲到一位社会青年，品格纯正善良，恭敬谦让，却常常因为做事没有自己的底线而频频"被人利用"，导致想做的好事没做成，总是受人无端欺辱，境况十分惨烈。当然，王赓与这类人还是有着本质的不同——至少，他在事业方面是非常成功的。

小曼这一病倒，似乎是给这场僵局打了一针"缓和剂"，父母因为心疼女儿的身体，特意不再过分纠缠这件事了，而丈夫王赓也去了南京，不再整天晃在眼前对她施以压力。虽然对于小曼来说，想要取得最终的革命性的胜利还有很长一段路要走，但在医院休养的这段时间，却是她心里最为平静的一段时光。

像是漆黑的世界突然打开了一扇窗，小曼已经能够触摸到来自外界的光芒。因为要养病，她写给志摩的日记暂停了几天，只是仍旧陆续收到志摩的信件。她私下想着："我的摩，你快些回来吧，我们的爱情就要看到曙光了。"

小曼病重，"翡冷翠一夜"志摩心碎

　　我学到的一些词语，诸如"乐极生悲"，是说一个人要是高兴过头，接下来总会遇到使其悲伤的事。还有以前家里长辈曾告诫我的"祸兮福之所倚，福兮祸之所伏"，意思就是，好事和坏事是可以互相转化的，在一定的条件下，福就会变成祸，祸也能变成福。所以，我总知道，事物因为内部对立统一的矛盾运动，逐渐由量变引起质变，发展到极端，在一定条件下就会走向反面，于是有"物极必反"之说。自然规律如此，社会现象如此，日常生活也如此，古今中外概莫能外。

　　小曼与志摩的感情似乎逐渐"柳暗花明"，可没有温暖几天，黑压压的云雾又笼罩了上来。

　　出院之后，小曼也好似离开了一个能庇护自己的环境。回到气氛使人倍觉压抑的家中，一切难题再次来袭。更不妙

的是，王赓从南京回来了，并且带来一个小曼非常不想知道
的消息。

其实一般人在婚姻中走到如此尴尬的境地，大概都会顺
从女方的心意，离婚算了。但王赓与小曼比起来，就是不输
这份倔脾气。而正是因为丈夫的这份倔强，小曼在这场战役
中注定要吃许多的苦头。与此同时，这段"家丑"闹得沸沸
扬扬，全城皆知，王赓却仍然不得不顾及自己的工作。他的
世界里，家庭就快要散了，却不得不每天整理好心情去上
班。面对别人对自己的嘲笑与讥讽，他别无选择，只能沉
默。如今，他打算去上海工作，这次回来就是想把小曼也一
同接了去——"人非圣贤"，他有自己的私心，以为小曼
"只要换个地方，就能忘掉徐志摩，和自己重新开始"。

但是，当他把这个决定告诉小曼时，小曼的感受却如同
遭遇五雷轰顶。她觉得自己好不容易才看到一丝曙光，这会
儿又要坠落到无尽的深渊里去了，她意识到自己断然不能答
应王赓的要求——因为这一走，她怕是连自由之身也不会有
的了，更别说等到志摩从欧洲回来。

想来想去，她决定去北京西郊的大觉寺清修一段时间，
就当是"避难"吧。临走的前一天，她在日记里对志摩说：
"我决定去大觉寺休养两礼拜了，在那儿一定没有机会写
的，虽然我是不忍心片刻离开你的，可是要是不走又要生出

事来了。"

大觉寺环境清幽，远离尘嚣。自从来到这里以后，小曼白日淡看流水烟云，夜晚与昆虫花草为伴，神清气爽不少。她激动地写信给志摩："摩，我再也想不到人间还有这样美的地方，恐怕神仙住的地方也不过如此了。我那时乐得连路都不会走了，左一转右一转，四周不见别的，只是花。回头看见跟在后面的人，慢慢在那儿往上走，好像都在梦里似的，我自己也觉得自己不是一个人了。这样的所在简直不配我们这样的浊物来，你看那一片雪白的花，白得一尘不染，哪有半点人间的污气？我一口气跑上了山顶，站在一块最高的石峰，定一定神往下一看，呀，摩！你知道我看见了什么？咳，只恨我这支笔没有力量来描写那时我眼底所见的奇景！真美！从上往下斜着下去只看见一片白，对面山坡上照过来的斜阳，更使它无限的鲜丽。那时我恨不能将我的全身压下去，到花间去打一个滚，可是又恐怕我压坏了粉嫩的花瓣儿。在山脚下又看见一片碧绿的草，几间茅屋，三两声狗吠，一个田家的景象，满都现在我的眼前，荡漾着无限的温柔。这一忽儿我忘了自己，丢掉了一切的烦恼，喘着一口大气，拼命地想将那鲜甜味儿吸进我的身体，洗去我五腑内的浊气，重新变一个人，我愿意丢弃一切，永远躲在这个地方，不要再去尘世间见人。真的，摩，那时候我连你也忘了。"

　　虽是这样写着，但小曼无时无刻不是期待着志摩能够早些归来，"这样美好清丽的风景，要跟相爱的人一同欣赏才不辜负。"

　　恋爱中的女人真是敏感之至，心竟仔细到连风吹树叶的声音都会使她联想起所爱之人。1925年4月12日，小曼在日记中写道："现在我一个人静悄悄地独坐在书桌前，耳朵只听见街上一声两声的打更声，院子里静得连风吹树叶的声音都没有，什么都睡了，为什么我放着软绵绵的床不去睡，别人都一个个正浓浓地做着不同的梦，我一个人倒冷清清地呆坐着呢?为谁？怨谁？摩，只怕只有你明白罢！我现在一切怨、恨、哀、痛，都不放在心里，只是放心不下你。"

　　然而好时光毕竟短暂。结束静修，回到那个丝毫没有生气的家，小曼仍要为她和志摩的爱情继续奋斗。

　　王赓在上海的工作逐渐稳定，一再提出要把小曼召回到身边。这是她第一次面对如此强硬的丈夫，她想着，王赓对她的忍耐终于到了一个极限。家里的气氛沉重得使她透不过气来，她想去公开场合走走，可是似乎每个犄角旮旯里都有人在非议她，嘲讽她。顶着巨大的压力，小曼感觉自己就快要窒息。

　　绝望和压力再次涌上心头，这一次彻底击垮了小曼尚未复原的身体。志摩知道小曼自小就体弱多病，来信中也一再表示为此担心。但他的殷勤鼓励没有用，关怀慰藉也没有用，小曼这一次彻底病倒了，形势比上一次更加严重。家里人请来了外国医生，抢救了好一段时间，她才慢慢地张开眼。

这一次，她虚弱到连一句完整的话都讲不出了。

当时，胡适等诸位好友皆陪伴在侧。胡适见小曼醒来，示意小曼放松心情，不要太着急讲话，并在第二天给徐志摩拍去电报。小曼听闻此事，连忙请胡适再帮忙拍一封电报，说自己病情已经稳定，好叫志摩不要担心，不必着急回来。

接到电报的志摩心急如焚。可恰巧在他去柏林的一周前，小儿子彼得不幸夭折，志摩悲伤之余还要忙着料理儿子的丧事，自然暂时无法回国。为此，他只有一连写了好几封信给小曼倾诉担忧："小曼，这回苦了你，我想你病中一定格外地想念我，你哭了没有？我想一定有的，因为我在这里只要上床一时睡不着，就叫曼，曼不答应我，就有些心酸，何况你在病中呢？早知你有这场病，我就不应离京，我老是怕你病倒，但是总希望你可以逃过，谁知你还是一样吃苦，为什么你不等着我在你身边的时候生病？"

犹且记得他此番前往欧洲正是因为当初接到泰戈尔的邀请，但一直到此刻，却最终连诗人的面也没见到，太多倒霉

事都碰到了一起，扰得徐志摩心烦意乱。他的个性原本就很
焦躁急切，得到小曼病重的消息更是乱了方寸，不知道自己
应当要先回国，还是继续留在欧洲游学。一天夜晚，就是在
这样的一种烦闷的情绪中，他创作了这首著名的《翡冷翠的
一夜》：

> 你真的走了，明天？那我，那我，……
>
> 你也不用管，迟早有那一天；
>
> 你愿意记着我，就记着我，
>
> 要不然趁早忘了这世界上
>
> 有我，省得想起时空着恼，
>
> 只当是一个梦，一个幻想；
>
> 只当是前天我们见的残红，
>
> 怯怜怜的在风前抖擞，一瓣，
>
> 两瓣，落地，叫人踩，变泥……
>
> 唉，叫人踩，变泥——变了泥倒干净，
>
> 这半死不活的才叫是受罪，
>
> 看着寒伧，累赘，叫人白眼——
>
> 天呀！你何苦来，你何苦来……
>
> 我可忘不了你，那一天你来，
>
> 就比如黑暗的前途见了光彩，

你是我的先生，我爱，我的恩人，
你教给我什么是生命，什么是爱，
你惊醒我的昏迷，偿还我的天真。
没有你我哪知道天是高，草是青？
你摸摸我的心，它这下跳得多快；
再摸我的脸，烧得多焦，亏这夜黑
看不见；爱，我气都喘不过来了，
别亲我了；我受不住这烈火似的活，
这阵子我的灵魂就象是火砖上的
熟铁，在爱的槌子下，砸，砸，火花
四散的飞洒……我晕了，抱着我，
爱，就让我在这儿清静的园内，
闭着眼，死在你的胸前，多美！
头顶白树上的风声，沙沙的，
算是我的丧歌，这一阵清风，
橄榄林里吹来的，带着石榴花香，
就带了我的灵魂走，还有那萤火，
多情的殷勤的萤火，有他们照路，
我到了那三环洞的桥上再停步，
听你在这儿抱着我半暖的身体，
悲声的叫我，亲我，摇我，唔我，……

我就微笑的再跟着清风走，

随他领着我，天堂，地狱，哪儿都成，

反正丢了这可厌的人生，实现这死

在爱里，这爱中心的死，不强如

五百次的投生？……自私，我知道，

可我也管不着……你伴着我死？

什么，不成双就不是完全的"爱死"，

要飞升也得两对翅膀儿打伙，

进了天堂还不一样的要照顾，

我少不了你，你也不能没有我；

要是地狱，我单身去你更不放心，

你说地狱不定比这世界文明

（虽则我不信，）象我这娇嫩的花朵，

难保不再遭风暴，不叫雨打，

那时候我喊你，你也听不分明，——

那不是求解脱反投进了泥坑，

倒叫冷眼的鬼串通了冷心的人，

笑我的命运，笑你懦怯的粗心？

这话也有理，那叫我怎么办呢？

活着难，太难就死也不得自由，

我又不愿你为我牺牲你的前程……

唉！你说还是活着等，等那一天！

有那一天吗？——你在，就是我的信心；

可是天亮你就得走，你真的忍心

丢了我走？我又不能留你，这是命；

但这花，没阳光晒，没甘露浸，

不死也不免瓣尖儿焦萎，多可怜！

你不能忘我，爱，除了在你的心里，

　我再没有命；是，我听你的话，我等，

等铁树儿开花我也得耐心等；

爱，你永远是我头顶的一颗明星：

要是不幸死了，我就变一个萤火，

在这园里，挨着草根，暗沉沉的飞，

黄昏飞到半夜，半夜飞到天明，

只愿天空不生云，我望得见天

天上那颗不变的大星，那是你，

但愿你为我多放光明，隔着夜，

隔着天，通着恋爱的灵犀一点……

　　　　　　　6月11日，1925年翡冷翠山中

　　而小曼呢，就在等待志摩归来的日子里，继续独自承受着来自家人的压力。王赓仍旧不遗余力地催促她赶紧前往上海，母亲则帮助他在身边逼迫小曼快做决定。虽然她不想拍电报给志摩，要他中断在欧洲的游学，但此时境况险恶，也就顾不得许多。

拍过电报之后，她怀着焦急的心情，等待对方的好消息。

然而，她还没等到志摩归来，却先等到了丈夫下的最后通牒：一、请她放尊重点；二、请她火速去上海。

逼上梁山，"功德林"上演鸿门宴（1）

在我的人生历程里，也曾多次体验过事情急转而下是怎样一种状况，那份惊心动魄，简直永生难忘。

小曼与志摩为爱情斗争了许久，似乎到了该得到一个结局的时刻。1925年7月底，志摩终于从欧洲回到了北京。他一放下行李，就匆忙跑到王赓家找小曼。可走在路上他又犹疑了，现在事情闹到这样的地步，他去王家还是应有些顾虑，最后他决定：索性还是在社交场合里碰吧，他知道小曼一直很喜欢跳舞。

于是，他几乎每天都要去小曼以前常光顾的舞厅等，可怎么也碰不上。

直到有天，他收到了小曼的"绝交信"：

"你我的一段情缘，只好到此为止了，此后我的行止你也不要问，也不要打听，你只要记住那随着别人走的是一个没有灵魂的人。我的灵魂还是跟着你的，你也不要灰心，不要骂我无情，你只来回地拿我的处境想一想，你就一定会同情我的，你也一定可以想象我现在心头的苦也许比你重三分呢。……你快不要伤心了，我走了，暂时与你告别，只要有缘，也许将来会有重见天日的一天……"

小曼的话更像是赌气说给自己听的。前阵子她被家里逼急了，加上又病倒两次，对未来渐渐失去了信心，正需要志摩的陪伴与鼓励。而她的数封电报过去，志摩却丝毫没有回国的消息。要知道，她是轻易舍不得他回来的，志摩算是她最后的支撑了。可是他在她那么需要的时候一直都没不出现，只是发回一封封劝慰的信，人到了那种伤心欲绝的地步，几句暖言好语哪里还能哄得住小曼的心，她早已是迁怒的了。

可是她的迁怒又透着一种无奈。她说"我的灵魂还是跟着你的"，其实她内心还是有些留恋的，一向追求自由的小曼断不会如此狠心，她还是深深眷恋着志摩的。只是女儿家多少都有些"傲娇"的姿态，如今的她，比任何时候都更需要志摩的爱。

可他却又偏偏这样躲避着。

一转眼，志摩回京都已经数个星期，却只能在一些朋友的聚会上见到小曼。闲人太多，他想要接近小曼同她单独说两句话都难。

终于有一次，在朋友举办的舞会上，小曼独自一人在舞池里曼妙地扭动着，神态是悠闲的，眉尖带着一丝倦容。志摩瞅准机会，一把将小曼拉到房间的边缘处，火急火燎地逼问她："为什么把我从万里路远的地方叫了回来，这么久了，连一个清静谈话的机会都不给我？！"小曼先是愣住了，进而回一句："我们还有什么客气？"志摩被她的这句话惊得怔住，正要质问，却突然看到小曼的脸颊上迅速滑落下两行清泪，心一紧，也顾不得说狠话。心疼小曼的同时，他欣慰的是就算此前收到了心上人的"绝交信"，他在此刻还是终于弄清了小曼对自己的一片真心。

以后的岁月里，志摩与小曼不便常相见，只能互相写信，倾诉相思。志摩写了厚厚一沓《爱眉小札》，来表达对小曼的思念：

"眉，我怕，我真怕世界与我们是不能并立的，不是我们把他们打毁成全我们的话，就是他们打毁我们，逼迫我们去死。眉，我悲极了，我胸口隐隐的生痛，我双眼盈盈的热泪，……我恨不得立刻与你死去，因为只有死可以给我们想望的清静，相互永远的占有。……你再不可含

糊，你再不可因循，你成人的机会到了，真的到了。他
（王赓）已经把你看作泼水难收，当着生客们的面前，尽
量地羞辱你；你再没有志气也不该犹豫了。……我是等着
你，天边也去，地角也去，……听着，你现在的选择，一
边是苟且暧昧的图生，一边是认真的生活；一边是肮脏的
社会，一边是光荣的恋爱；一边是无可理喻的家庭，一边
是海阔天空的世界与人生；一边是你的种种的习惯、寄妈
舅母、各类的朋友，一边是我与你的爱。……你果真是
我，不能这样没胆量，恋爱本是光明事，为什么要这样偷
偷地，多不痛快。"

　　志摩这样鼓励小曼，他是用心理解小曼的处境——她现
在是骂名也背负了，白眼也给人瞧了，就不该再走回头路。
他知道小曼一心追求"认真地生活"，他也怕小曼会因为眼
前的挫折就此放手。

　　两个人重整旗鼓"一致对外"，也急坏了他们身边的一
帮好友。胡适、张歆海作为这段恋情的支持者，也一路见证
了他们为爱情所受的折磨与牺牲，常常暗地里找机会安排两
人相见——我猜胡适大抵是因为自己受了包办婚姻的苦，尝
过婚姻不自由的痛，这才对志摩与小曼的处境多出些许同
情。后来他还曾主动上门做说客，请求吴曼华对女儿与志摩
的感情网开一面。

奈何吴曼华顽固非常，始终不肯点头。志摩心灰意冷，决定暂时回上海老家看望父母。其间二人仍保持通信往来，亲热异常。志摩离开后，小曼寻思是否能在那里得到更多相见的机会，正好王赓也多次催促，她便去了上海。只是"向来情深，奈何缘浅"，俩人在上海也没找到合适的机会相见。无奈之下，志摩只得先回北京。

事情到这里似乎并未出现转机，可是在上海发生的一件事，却着实合了志摩的心意。得知小曼去了上海，唐瑛出面要请小曼夫妻吃饭，孰料当天王赓公事繁忙，只留小曼一人应场。临走之前，他特意嘱咐小曼："别跟他们外出跳舞。"小曼在北京时就觉得王赓像看犯人似的对待自己，如今到了上海还是如此，虽心有不服，却还是决定照做。后来真有人来邀请她共舞，小曼轻声地回绝了，却不想被对方开了玩笑："我还以为是受庆（王赓，字受庆）怕小曼，谁知竟是小曼怕他呢。"说着，就要拉她出门。此时刚好被王赓撞到，他大怒："你是不是人，说定了的话不算数。"吓得拉扯小曼的人赶紧松开了手，尴尬地走掉了。

再看小曼，忍着一肚子的气上了王赓的车，也是很不光彩地回家了。

回到北京，小曼气不打一处来，把这件事的经过详细地告诉父亲。陆定当即表示支持女儿离婚。

一向"挺徐派"的刘海粟也听闻了这件事，趁机赶到陆家劝慰吴曼华。吴曼华早知道女儿要离婚的决心，如今王赓与小曼的相处也不太融洽，明白这段感情"木已成舟，大势已去"，也就渐渐松了口。

他们最后想出一个办法：刘海粟陪着陆小曼母女去上海，由陆母负责出面联系王赓，刘海粟再做说客。

离开陆家，刘海粟赶忙将这一好消息告诉志摩，志摩当即兴奋得变个孩子样儿。他一面连连拜托刘海粟多多帮忙，一面暗地里追随他们三人来到上海。刘海粟心里清楚，志摩是等不及要收割这场战役的胜果了。

逼上梁山，"功德林"上演鸿门宴（2）

活到今天，我的年纪不算大，见过的世面也不算多，可是几年漂泊的生活经历，却使我深深地感觉到：这世上大部分的事并不难解决，绕成疙瘩只是因为人太"拧巴"。人在成年以后，一定要学会分辨哪些是"属于你的"，哪些"并不属于"，即便你曾经清清白白地得到过——"不懂得放弃的人生，无异于是对自己的惩罚"。

到达上海的第三天，刘海粟在"功德林"设宴请客，这里是当地顶有名的素菜馆。此番主要是为了劝慰王赓心平气和放弃与小曼的这段婚姻。离婚毕竟是件不太光彩的事，刘海粟经过考虑，特意选择在环境清幽，无人打扰，非常适合谈事情的"功德林"进行宴请，而"功德"二字又暗含"成人之美，留己功德"的意思。

当天，到场的主人有陆小曼与王赓，客人有吴曼华、徐志摩、唐瑛、张歆海等数十位。刘海粟如此鞠躬尽瘁地行

"成人之美"是有原因的：他欣赏小曼是个作画的好苗子，后来更收她做徒弟。在小曼和志摩两人因家庭阻隔最难过时，是志摩的一句"小曼是要愁坏的，她太苦了，身体也会垮的"，让他最终决定替他们出这个头。

但这顿饭，注定要吃得很尴尬。他们的主题是"离婚"，在座的几位相互之间又有多多少少的芥蒂，比如徐志摩与张幼仪的哥哥张歆海（虽然他知道志摩当初与舍妹离婚的前因后果，对志摩所做的一切也并无怪罪，但志摩为此心里始终有些芥蒂）；徐志摩与王赓就不消说了，另外吴曼华与王赓因为小曼的事，也多少会有些尴尬。

酒宴一开始，刘海粟高谈阔论，讲出一番爱情与婚姻的真谛，说男女结合的基础是爱情，没有爱情的婚姻是违反道德的。夫妇之间如果没有爱情导致双方离婚，离婚以后还能保持正常的友谊。意思就是说，小曼与王赓之间既然早已没有爱情，就应该彼此都退让一步，离婚以后双方还可以成为很好的朋友，保持友谊。倘若坚持不离婚，就是在勉强维持一段没有爱情的婚姻，这是不道德的。

他还说，友谊与爱情是不同的范畴，今天把大家聚集在此，就是为了讨论这个道理的。这番话听得大家都很高兴，虽然彼此高兴的内容有所不同。

王赓虽然不通情事，却也不至于太过木讷。他一看这阵仗就清楚是怎么一回事了，心痛不已。他对小曼仍是不舍的，如果对方肯给他哪怕一丝的希望，我想他会原谅小曼之前的所有行为。可尽管不舍，尽管难过，他也能明白这场"功德林"饭局和刘海粟的话到底是什么意思了。

宴会后，徐志摩给王赓写了一封英文长信。王赓是个开通的人，就此同意与小曼尽快离婚。

当他亲口向小曼说出这些话时，小曼怀着激动的心情望着眼前这位好似兄长一般的丈夫。她没想到王赓真的会这样宽容，于是不再怨恨他，心里只有感激。多谢他的这句话，小曼的痛苦终于等到了救赎。

此后的一切顺理成章。志摩自然是第一个得到了好消息，随后一起吃饭的众人也都获悉。志摩与小曼都非常感谢刘海粟以及众人为他们所做出的一切。至于王赓，到底是有一副宽阔的胸怀，事已至此，他知道一切不可挽回，干脆开始着手联系在上海做律师的亲戚，请他帮忙尽快处理办妥离婚手续。

走到这一步，原本以为只等着徐志摩把家里的事情处理好，小曼就可以顺利地嫁过去。但老天爷偏偏不肯成人之美，注定为这段恋爱准备了"一波三折"的桥段。小曼与王赓纠缠几年，俩人一直没有孩子，却在姻缘结束的此刻，让小曼发现了腹中有了他的骨肉。母亲因为担心女儿的身体薄弱，况且当时医院做流产手术还不太先进，就劝小曼要下这个孩子。但小曼执意不肯，她好不容易能得到一个干干净净称心如意的婚姻，一定要彻底斩断跟前尘的所有联系。为避免节外生枝，她自作主张隐瞒了王赓与徐志摩，带了家里的两个女佣，跑去找德国医生做了堕胎手术。她原本只是想要结束这段不开心的婚姻所带来的一切，却没想到随这个孩子远去的，还有她这辈子成为一个母亲的权利——原本就很贫瘠的身体，加上不太成功的手术，致使小曼再不能生育。然而她的嘴角仍然上扬：至少她现在可以跟志摩在一起了。

小曼这边的事情全部了结，只等着徐志摩得到家中的应许，就能过门。可等来等去，志摩回到上海老家后，好久都不见人影，也没有任何关于他的消息。小曼渐渐有些心急，却也只收到一封志摩写的关于"凌叔华与孩子"的信。志摩是喜欢小孩的，虽然他与张幼仪有过子女，但他多想能同小曼也有一个。读着志摩的信，小曼心里针扎一样的难受："这都是命！"

要说他们二人的结合，可真像唐僧西天取经一路"九九八十一难"：小曼的父母松手了，却又迎来志摩家人的集体反对。

徐申如听闻儿子要娶陆小曼为妻，当时就气不打一处来。此前，他一直对志摩拂逆了自己的意愿，一意孤行休了好儿媳张幼仪而耿耿于怀，没想到此事尚未平息，一波又起——儿子竟然一心要娶一个有夫之妇，他这回是坚决不容儿子再胡闹了！

　　面对父亲的气急败坏，志摩只好"故技重施"，他说尽好话想请胡适出面当说客。小曼此时已知晓志摩的处境，她想着胡适先生是他们共同的好友，且为人热心肠，又有一定的身份地位，就提笔写了一封信前去恳求："先生，并非我老脸皮求人，求你在他爹娘面前讲情，因为我爱摩，同时我亦希望他二老能爱我。我受人冷眼亦不少了，我冤的地方亦只有你知道。"

　　如此言辞恳切，胡适即便只为"怜香惜玉"，也该替他们二人走这一趟。

　　经过胡适的努力，经过多方斡旋，徐申如自知如今已是反对无效，只好答应他们二人成婚。只是志摩这两次"不孝"的举动，已经深深地伤透了他的心。结婚可以，但他要求首先要得到张幼仪的应允——在徐申如心里，他始终承认和爱护这个媳妇儿多些，他感念于张幼仪的乖巧懂事，却不懂得也不想懂为何儿子会与她存有如此嫌隙。

　　转眼，时间到了1926年年初。张幼仪从美国回来，她先去了北京，住在哥哥家中。待到这年夏天，才到了上海，见到公婆后，她表示已经收到了志摩拍去的电报，同意他们的婚事。此番举动令徐申如很是吃惊，他没想到儿媳妇竟这么痛快地应允了。他没注意到的是，由于多年在国外居住生活，深受西方文化熏陶，此时的张幼仪早已不再是当初那个唯唯诺诺唯恐失婚的平凡妇人。时间很好地治愈了她的伤痛，志摩与谁结婚也不再是她关心的事。人生苦短，她是一个独立的个体，该去寻找属于自己的生活。

事已至此，徐申如只好提出三点要求，当作允许了这门婚事：

第一条，结婚费用自理，家庭概不负责；

第二条，婚礼须有梁启超证婚，胡适做证婚人，否则不予承认；

第三条，婚后必须回硖石，安分守己地过日子。

终于能光明正大地结为夫妻，任是千万条件也点头了，志摩心里的石头终于落了地。他去信给小曼说："眉眉，这怎好？我有你什么都不要了。文章、事业、荣耀，我都不要了。诗、美术、哲学，我都想丢了。有你我什么都有了。"

1926年8月14日，志摩与小曼在北海董事会举行了订婚仪式。一个多月以后，他们如期举行了婚礼。

为爱情奋斗的故事尘埃落定，再次步入婚姻的俩人，能如愿以偿地过上他们心目中渴望的美满的婚姻生活吗？

第三章

鸳鸯欢好同悲乐

世人常说，"太轻易得到的东西，人们不会珍惜"。颇多的生活经历也告诉我，这句话是对的。

执子之手，新婚燕尔多喜乐

　　世人常说，"太轻易得到的东西，人们不会珍惜"。颇多的生活经历也告诉我，这句话是对的。相爱是容易的，彼此做到珍惜却总是很难。生活永远会给到你许多意想不到的"惊吓"或"惊喜"，所以演员马伊琍才说，"且行且珍惜"。任何一段感情，都需要两个人共同去呵护，小曼与志摩得以喜结连理，是他们用生命与尊严对命运做出抵抗的结果，说来十分不易。

　　而这份难得的感情，他们原本应当用心珍惜。

　　金秋十月，天空中飘浮着朵朵白云，空气清爽而干净。时日若早一些酷暑难当，晚一些秋风萧瑟，此时正是一年中最好的时节。路边的银杏微微地镀上一层金黄，随着秋风轻柔地摆动身姿，在太阳的照射下投下斑驳的影子。远处的建筑物，红瓦绿墙，与周围的花草遥相呼应。古城北京的秋，四面八方都透着一股天高气爽的劲儿，让人心生欢喜。

如今我走在北海公园里，稀稀落落的庭院，清雅幽静。脚下踩着小小的石子儿铺就的道路，"五步一树花草，十步一座亭台"。草丛中有秋日的虫子默默地鸣叫，彰显大自然的千般风情。

许多年前，就是在这里，陆小曼与徐志摩的婚礼轰动了整个北京城。

结婚当天，几乎全北京文化圈的文人雅士都来了：有哲学大师金岳霖，清华大学的陈寅恪、赵元任，还有很多上流社会的名媛。

在一阵吹吹打打的阵仗中，婚礼正式拉开序幕。首先是身穿一身中式礼服的徐志摩出场了，他平常就很有诗人气质，如今在这文雅长衫的映衬下，愈发风流儒雅。而那头的新娘陆小曼，则薄施脂粉，峨眉淡扫，巧笑倩兮，温婉妩媚。在男女傧相的簇拥下，徐志摩兴高采烈地牵着小曼的红绸，拉着她喜气洋洋地一步一步迈进礼堂。

礼堂中，早已有徐志摩的恩师在等候，两边同样站满了前来贺喜的同道友人。只是高堂的位置上，始终不见徐志摩父母的身影——想来也是，徐申如向来不喜陆小曼，更无法容忍儿子对前儿媳张幼仪所做的种种，他不参加婚礼，也是依心所为。而梁启超是奉了家父之命到场的，所以不管他将说什么话，志摩小曼心里明白，也都要撑住。

　　新人站定，因为没有高堂在座，只有听取授业恩师梁启超的教诲，小曼与志摩紧紧相偎，等待一段祝福的言辞，却没想到梁启超此时正襟起身，说了如下一番话：

　　"徐志摩，陆小曼！你们的生命，从前很经过些波澜，当中你们自己感受不少的痛苦！社会上对于你们还惹下不少的误解。这些痛苦和误解，当然有多半是别人给你们的，也许有小半由你们自招的吧？……你们基于爱情，结为伴侣，这是再好不过的了。爱情神圣，我很承认；但是须知天下神圣之事，不止一端，爱情以外，还多着哩！

　　"徐志摩，你是有相当天才的人，父兄师友，对于你有无穷的期许。我要问你，两性情爱以外，还有你应该做的事情没有。从前因为你生命不得安定，父兄师友们对于你，虽一面很忧虑，却一面常常推情原谅，苦心调护，我要问你，你现在算得着安定没有，我们从今日起，都要张开眼睛，看你重新把坚强意志树立起，堂堂地做个人哩！你知道吗？陆小曼，你既已和志摩作伴侣，如何地积极地鼓舞他，做他应做的事业，我们对于你，有重大的期待和责备，你知道吗？以后可不能再分他的心，阻碍他的工作。你是有一种极大的责任，至少对于我证婚人梁启超有一种责任。

"徐志摩，你这个人性情浮躁，所以在学问上面没有成就；你这个人用情不专，以致离婚再娶，以后务必要痛改前非，重新做人。陆小曼，你要认真做人，你要尽妇道之职，你今后不可以妨碍徐志摩的事业。

"徐志摩，陆小曼，你们都是离过婚，又重结婚的，都是过来人了，这全是由于用情不专，以后要痛自悔悟，希望你们不要再一次成为过来人。我作为你徐志摩的先生，假如你还认我作先生的话，又作为今天这场婚礼的证婚人，我送你们一句话：祝你们这次是最后一次结婚。"

这一番话，直听得堂内众人瞠目结舌，大气也不敢出。梁公向来温文尔雅，对人谦让有礼，却使人无法想到，今天会这样在大庭广众之下，严苛教训他的学生和名媛陆小曼，可谓没留一点情面。

虽说梁启超教言使人有些难堪，但我却觉得这正显出他对徐志摩的爱护：梁启超是爱才惜才之人，所以才收徐志摩做学生。他说徐志摩原本是天降之才，奈何却因为性情浮躁而干不成大事业；如今又因为多情而导致休妻再娶。若是娶个如同张幼仪一般温良贤惠的妻子，或许还能在事业上帮衬一把，却偏偏是热衷流连交际场所的名媛陆小曼，他就觉得万分不妥了。只是因为徐志摩没把他的才华用在正经地方，所以梁启超有些恨铁不成钢。

人说，"一个成功的男人背后，一定有一位伟大的女人"。纵横江湖多少年，梁启超这样的文化大家，自然懂得贤良温婉的女子才会对男人的事业有帮助，这就是他不喜欢陆小曼的原因。原本，他是一万个不想参加学生的婚礼当什么证婚人的。可是有他出面，徐申如才愿意首肯志摩小曼的婚礼，他也不忍自己疼爱的学生，因为自己最终不得幸福，这才答应出席。

可他心里始终咽不下这口气。志摩与小曼的结合，仿若使他看到了一颗流星的坠落。婚礼第二天，他伏案写信，将心里的苦闷倾诉给此时远在美国的儿子梁思成："徐志摩这个人其实聪明，我爱他不过，此次看着他陷于灭顶，还想救他出来，我也有一番苦心。"

但他的苦心，志摩想必眼下是不会懂得了。

心愿既成，此时二人内心正欢喜非常呢。虽然婚礼是志摩自掏腰包举行的，一切从简，却还是赢得了一些朋友的祝福，郁达夫、胡适等均在内。

想来最开心的还要是小曼吧。她终于嫁给了自己真正喜欢的人。这一年，她才24岁。

想她第一次结婚时，根本不懂得结婚的意义，只是像个玩具似的，在双方父母的摆布下，轻易地交付出一生。她遇到王赓的时候，也才只是个19岁的小姑娘，根本不懂得何谓爱情，何谓婚姻。

按照那时的社会风俗，也有很多姑娘如她一般，是在这么一个懵懂的年纪，就被家里人安排着嫁了出去——她们不敢与这封建的传统做斗争，白白地葬送掉后半生。小曼遇到志摩，情窦初开，也仅仅是想要争取属于自己的幸福，这本身又有什么不妥？

我实在不懂那时的女子还有多少自由可言。小曼只是想有一段两情相悦的爱。好在经过她与志摩的不懈努力，美梦得以实现。虽然婚礼上，先是遭受徐志摩恩师梁启超的冷言冷语，又再被周围很多人嘲笑和猜忌，小曼仍然是喜悦的。她在《爱眉小札》里写："以后日子中我们的快乐就别提了，我们从此走入了天国，踏进了乐园。一同回到家乡，度了几个月神仙般的生活。"

婚后回到徐志摩老家硖石，也是徐申如应允他们结婚的条件之一。所以，徐志摩陆小曼别无选择，只能乖乖从命。

从一个待字闺中的娇小姐，到嫁入少将府过着并不称心的阔太生活，再到如今跟随学者志摩结婚回归故里，小曼用五年的韶华，为自己铺陈出了一条虽不算华丽却至少能令自己满足欣喜的路。

神仙眷侣，我的眼里只有你

第一次知道女儿家长大后要嫁人时，我总感觉未来的时光充满了浪漫与神秘，想着未来的自己，会跟着一个心爱的人，去到一个完全陌生的地方生活、工作，为他生儿育女，然后这么平平淡淡过一辈子。

可是真的长到要嫁人的年纪，却对即将要到来的生活充满了恐惧。那地方是自己并不熟悉的，我会习惯那里的生活方式吗？他的家人也是此前未曾相处过的，他们会接纳并真心喜欢我吗？我在那里没有太多的朋友，如果感到孤独怎么办？我在那里也很难见到亲人，他们想我或我想他们怎么办……很多很多的现实问题，让人纠结、揪心。

小曼嫁了志摩，跟随他不远万里从北京来到上海。由于徐家的新房尚未盖好，只好暂时在上海停留一段时间。一个月过后，接到消息说新房已布置妥帖，志摩才带着小曼回到硖石。

硖石风景秀丽，历史悠久。街道地处杭嘉湖平原，境内因有东、西两山，名字亦取"两山夹一水之意"。早年间，这地方本名峡石，从唐朝伊始更名为硖石。这里自古学风兴盛，民风淳厚，名人辈出，区内就有张宗祥故居等人文景观。

作为今人，我自然没法生活在古代。只是从课本里暗自揣度，总感觉那个年代似乎人人都很喜欢吟诗作赋。文学之士都喜青山秀水，每到一处都要留下心得，"稍不留意"便成千古名篇。硖石此地，就曾得到明初大诗人高启赠言："硖石颇奇怪，长河出连山。绝壁两岸开，行舟过其间……"诗人用"奇怪"二字来形容硖石地区的地貌特色，原因可从《海昌胜迹志》中找到答案——"浮石沉芦"，说的是此地东山上的一种石头会浮在水上，西山上却另有一种罕见的芦苇散在水里就会沉。

时光是城市形貌的雕刻师，随着历史风云变幻，硖石的基本形貌也都在改换，但"两山一水"的特色却永远地保留下来，引得明朝才子祝枝山大声赞叹："重叠山光湿翠蒙，一段江南好图画！"这里除了女儿式的秀丽温婉，亦有男儿式的阳刚之气，章景曙就曾写小诗感慨："东山是伟丈夫，西山是温柔妻，硖石是他们的儿。"

柔中有刚，刚柔相济，正是硖石恒久不变的性格与精神。

如今，这里尚保留着硖石"著名十景"：紫微春晓、碧云夕照、书台叠翠、丹井流霞、桃源着雨、智塔穿霄、鹤亭仙洞、剑石寒潭、南湖夜月、北亚晴峦、西寺烟钟、东岳霁雪。其实硖石并非自古以来就文明开化，而是从明、清两代起，逐渐盛行读书风气，造就了硖石的文人新貌，较为知名的名人地标有顾况读书台、刘令读书台等，其他学者名人甚众。

"物华天宝，地灵人杰"，这些名人是硖石的骄傲，成就了当地永久的荣光。

当然，除了这些之外，徐志摩的父亲徐申如对硖石也做出了极大的贡献。徐申如是当时知名的企业家、实干家，他交游甚广，与南通张謇尤为友善，深受其"实业救国"思想的影响。徐家世代经商，徐申如早年继承祖先家业，独资经营徐裕丰酱园。后又与人合股创办硖石第一家钱庄裕通钱庄，开设人和绸布号。他所经营的这些企业，很好地带动了硖石地区的经济发展。因此，在他死后，硖石绸布业公会特意送去挽联，上书：功垂桑梓永难忘，自从与蛰老季老缔交，筑铁路兴工商，两省常留鸿雁影；名载志书长不朽，此去共啸庐止庐叙旧，谈治安论教育，双山忽听鹧鸪声。

说起来我倒觉得有些好笑。徐申如这样一个实干家、企业家，却偏偏生出一个天性浪漫的诗人儿子——这岂不是一点都没有"龙生龙凤生凤"的道理了？但转过来再想，徐志摩虽然没有父亲的商业头脑，可做学问也是一流的，也算是不俗的人物啦！

　　小曼此番跟着志摩回到他的老家硖石，心里是忐忑不安的。从小出生在上海，后又生长在北京，看惯了大城市里的灯红酒绿，习惯了那种"阔小姐、阔太太"式的生活方式，这一下子就要进入山水如画的小镇啦。眼前走的是乡间小路，两边均是阡陌田园，小曼对看到的一切都感到惊奇、新鲜。只是随着离家的距离越来越近，一个问题蹿上脑海，搅得她心神不宁：不知道志摩的家人会不会喜欢我呢？

　　终于，他们走到一座中西合璧的白色二层洋楼前，停下了。小曼仔细打量这座洋楼，红瓦白墙，自有一番江南小镇的风情。她好像忽然想到了什么，不禁微微地抿嘴一笑。原来是志摩曾在信中向自己描述过这座小楼的样貌："眉眉爱光，新床左右，尤不可无点缀也。门前五开间，一律作为草地，杂种花草。楼后有屋顶露台，远眺东西两山，颇亦不恶。"想到志摩连布置房屋都是按着自己的喜好，小曼不禁满足地笑了。她又想到信中所提"温馨、浪漫"二词，也确实知晓他是对这件事再用心不过了，心中很是感动。

　　小曼是习惯了热闹的。从小到大，她生活在热闹的城市里，周旋在热闹的场合中，向来有一种在众人之间成为焦点的能力。如今到了这空气清新却人烟稀少的小镇，小曼的功力依旧。她照样穿锦绣的华服，描淡淡的峨眉，脸颊上施薄薄的粉，将自己打扮成固有的样子，可小镇上的姑娘和妇人哪里见过这样时髦的太太，她们整天都围着她看呀看，不停地问这是什么那是什么，小曼也就笑啊笑，变着法地用她们能听懂的话去一遍遍解释。

志摩家也是有佣人的，所以小曼不用亲自动手做粗活，小镇上也没有城市里的风月场所，小曼睡到十点左右，洗漱完毕，也真真是无事可做。于是，一天中所有的时间，她都用来和志摩种花植树，商讨文辞，吟诗作画，倒也有了些"赌书泼茶"的意味——这大概是他们婚后最美好的一段时光了。志摩也不用被其他事务打扰，只要专心陪着新婚妻子就可以了。仿若做梦似的，千思万想的生活一下子就全实现了，小曼的内心是满足的。志摩婚后果然待她很好，这种好是能在她心头激起波澜引起回应的，与王赓所给的自然不可同日而语。偶尔，他们也会走出家门，携手一起去附近的名山秀水逛逛、看看，中午累了找家当地知名的小馆子，点上几样掌柜推荐的本店名小菜，在一片湖光山色中对酒当歌，畅谈人生，这种日子是多么的惬意呀。

总的来说，硖石的生活是甜蜜的，小曼终于得到了自己梦想的一切。可时间久了，家庭矛盾渐渐凸显。小镇上的老人们，思想还很守旧，他们起初看到这个洋媳妇，对她的打扮和行为举止议论纷纷，却因为礼节关系没说什么，真正使他们耿耿于怀的，是她那种不顾世俗礼节离婚再嫁的霸道气派——他们一辈子生活在封建思想里，哪里见过这样"天不怕地不怕"，为追求自己幸福不顾一切的女子？！再加上志摩的父母骨子里疼爱的，还是先前的儿媳妇张幼仪，种种矛盾便逐渐凸显出来。徐家是做企业的，徐申如也很清楚儿子的秉性，知道儿子是继承不了自己的产业了，但他就这么一个儿子。小曼能诗会画，也很会交际，但做企业最需要的是商业头脑，又哪里需要这些呢？因此，徐申如夫妇更加不能对她满意。

让徐志摩的母亲最反感的是，小曼竟跟志摩丝毫不避讳地在自家客厅里互相喂食苹果，大庭广众之下你一口我一口——在今天如此开放的社会主义国家，情侣之间尚要有所忌讳，可想而知，在那样一个旧式社会里，何老太太对此会反感到何种程度。志摩毕竟是她从小宝贝到大的独子，如今却可以为了另外一个女人"卑微"至此，想来作为一个母亲，老太太心里也有几分嫉妒和不忍。

还有小曼的生活方式。她从小是被养在温室里的花朵，静雅高贵，吃穿用度什么都要最好的，就连小小的一方手帕，也是托人专程从国外带回，相当讲究。而徐申如家是商人家庭，需要的是一个会精打细算过日子的女人，小曼没有管理家庭的能力也就罢了，还要为了生活这样毫无节制地浪费……人跟人是最怕比较的，小曼的挥霍无度之于张幼仪的勤俭持家，更让两位老人感到心头一紧。后来，两位老人实在看不惯小曼的做派，一个月后就去了天津。抵达天津后，两老立即拍电报联系在北京的张幼仪，要她速带一女佣在某旅馆相见。这对小曼来说，无疑又添一重打击。

不过，两位老人走了也好，小曼在他们眼前总也不自在，至少现在能得片刻安静。然而，好景不长，因为北伐战争的波及，1927年1月，陆小曼和徐志摩被迫移居上海。初住在上海环龙路（今南昌路）花园别墅11号，这是一幢三层洋房；后又迁福熙路（今延安中路）四明村923号，那是一幢上海滩老式石库门洋房。

回到上海也好，那里仍是十里洋场，小曼该如一条自由的鱼儿，回到舒服的水里。可是，回到自己熟识的环境，生活就会真的好起来吗？

纸醉上海，芥蒂渐生小曼堕落

　　去年曾看过一部电影，叫《爆裂鼓手》。围绕的主题是普通人究竟有没有天赋。人类是贪心的，我想我亦如此。哪怕是对于自己感兴趣的事情，在没做到极致之前，就很想问世界要一个答案，以便我若没能在这件事上做出成就，也好早早转身去做其他的，说不定结果会比选这条路要好一些。

　　这时候，人们往往在乎的是结果，也就更在乎自己是否在这一方面拥有天赋。记得这几年我写书时，跟朋友谈到对"总也不红"的抱怨，朋友的回答利落干脆："你没天赋。"我当时就灰心了一半，可看到这部电影才领悟过来——"所谓的天赋，或许也只是那些不为人知的狂热、执着与信念。"而现在再想想朋友的话，似乎感觉他的意思则更像："若你有天赋，就不会对自己如此怀疑。"

　　于是我想，或许每个人生来或多或少都有一些天赋，只是人们不知道而已。有些人，因为自我意志力很强，所以得以将其发掘并将自己锻造成才；而有些，则因为缺乏一定的自制能力，需要别人在旁督促与辅佐。前者是天才，是极少数的。可喜的是，我们大部分人仍可在旁人的敲打和自身的努力下，严格要求自我，直至做出成绩。

依照此类观点，张幼仪与陆小曼或许都谈不上是天才。但她们绝对都是人才。张幼仪在经历与徐志摩的不成功婚姻后领悟到，作为一个女人，想要获得真正的幸福，就要学会为自己而活；而小曼呢，徐志摩父母对她的态度令她伤心难过，在上海她也与志摩渐生嫌隙，过了一段放纵的生活，却在志摩死后悬崖勒马，做了很多伟大的事。这是她的可贵的才能。

然而，我只替小曼感到冤屈。在徐家父母面前，她并没有做错什么，只是她从小就是这样的生活方式，二十年如一日，想要改变也非一日之功了。况且她对待长辈也是恭谦有礼，却无端招来公婆的白眼和邻里的嘲笑。

特别让小曼心寒的一件事是，当初在硖石，在她和志摩的新房里，公婆甚至特意为张幼仪留了一间厢房——这是什么做派？已经与志摩离了婚的女人，也要盼着她回来能住在那里吗？志摩的母亲几次生病，小曼想要进门照料，却被佣人牢牢地挡在门外不准入内，说是怕婆婆见了她只会病得更甚！最最令她难以忍受的，是家里还专门差人去北京请了张幼仪回来，守在身边日夜照看，婆婆的病才见好。

　　小曼的身体向来不好，成年后又总过着"黑白颠倒"的生活，自然是雪上加霜病上加病。或许此番回到上海，她能暂时逃离那些不如意的家庭生活，安心地过只有志摩的小日子吧。

　　小曼与志摩在上海租住的房子，每月租金要银洋一百元左右。志摩当时已经很久没有写诗发表或担任教学，而小曼又习惯了灯红酒绿十里洋场的奢侈生活，身体不好也要时时备药，加上结婚时"自费"掏腰包举办婚礼，志摩的个人积蓄早就用光。渐渐地，志摩感到俩人的婚姻生活似乎并不如想象中那么完美，他们开始发生摩擦和争吵。他对小曼说："你这无谓的应酬真叫人太不耐烦，我想想真有气，成天遭强盗抢，老实说，我每晚睡不着也就为此。眉，你真的得小心些，要知道'防微杜渐'在相当时候是不可少的。"

　　偏偏他也真心疼小曼哮喘和胃痛的顽疾，不忍看到她被旧疾折磨得死去活来，于是为她遍访名医。机缘巧合之下，经由雕塑家江小鹣介绍，认识了医术精湛的翁瑞午。一来二往，相互之间也就熟识了。小曼的顽疾很难治，一般的按摩医生都拿它没辙，偏就这位翁瑞午医生独特的按摩手法甚是有效。可就算如此，也没有太帮得上忙。看到小曼甚是痛苦的样子，翁瑞午便开始教她抽大烟。小曼竟一下就迷上了。她从小自制力就很差，属于那种说风便是雨的真性情，况且又打着治病的幌子，就逐渐染上了这种恶习。于是，从这以后，小曼一天的生活更紧张了，以前她只是昼夜颠倒白日还能睡些时候，现在却是白日忙着同翁瑞午躺在烟榻上吞云吐雾，晚上则和姐妹们参加各种聚会，沉溺于跳舞、打牌、票戏等夜生活，渐渐地她的精神越来越差。

小曼心中有苦水，她是直肠子，藏不了话。有一次，她就曾对郁达夫的夫人王映霞诉苦："照理讲，婚后生活应过得比过去甜蜜而幸福，实则不然，结婚成了爱情的坟墓。徐志摩是浪漫主义诗人，他所憧憬的爱，最好处于可望而不可即的境地，是一种虚无缥缈的爱。一旦与心爱的女友结了婚，幻想泯灭了，热情没有了，生活便变成白开水，淡而无味。"此外，小曼对志摩劝她不要打牌，别抽鸦片烟也很反感，加上想到公公徐申如对自己的冷淡，情绪愈加苦闷，倒真真成了个苦人。

而徐志摩也对逢场作戏的生活深感痛苦。为了"投妻所好"，当陆小曼登台客串时，徐志摩也凑个角色为她配戏。一次演京剧《女起解》，陆小曼饰苏三，徐志摩就饰演解差；又一次，客串《三堂会审》，陆小曼依然饰苏三，徐志摩则扮蓝袍陪审。如此妇唱夫随，尽管博得满堂喝彩，但徐志摩内心深处却日趋厌倦。1927年12月27日，徐志摩在日记中写道："我想在冬至节独自到一个偏僻的教堂去听几折圣诞的和歌，但我却穿上了臃肿的戏袍登上台去客串不自在的腐戏。我想在霜浓月淡的冬夜独自写几行从性灵暖处来的诗句，但我却跟着人们到涂蜡的舞厅去艳羡仕女们发金光的鞋袜。"

后来，小曼的"疯狂"行径终于招致徐申如的极度不满，使之做出决定，在经济上与他们夫妇一刀两断。这下，含着金汤勺的公子哥发愁了，不说别的，单就是家里佣人（司机、厨师、男仆，还有贴身丫鬟……）的薪水，他就支付不起。巨额花费使徐志摩入不敷出，正好此时胡适来信邀请他到北京大学教学，志摩便一口答应。最终为了贴补家用，他同时在光华大学、东吴大学法学院、大夏大学三所大学讲课，三所学校位于三个不同的地方，他也就只好常常在上海、南京与北京之间往返。除此以外，课余时间还要写诗文，以赚取稿费。另外一个副业则是倒卖古玩，赚取微薄的利润。可即便如此仍满足不了陆小曼的日常开销。

徐志摩，这个曾经风度翩翩的诗人，这个坚持"弱水三千只取一瓢"的风流公子，因为不堪物质的重压而诗才枯竭。可叹！他们两个人走到一起不容易，却没有好好珍惜。志摩因为生活的压力，开始与小曼产生嫌隙；小曼也因为志摩的唠叨与不体谅，而对他渐渐疏远。两个人再没了恋爱时的甜蜜，终于结为夫妻却日日唇枪舌剑，都将对方当成自己最大的宿敌。

很难说，他们两个人究竟谁更痛苦一些。志摩是热情，小曼是真诚，想必都不好过。可小曼至少有鸦片和翁瑞午，志摩这些年除了拼命赚钱，已无其他。他曾经跟好友成立过"新月社"，也因为家庭的关系许久没有新作。以往他写日记，虽然现实有压抑和苦痛，至少也有小曼使他感觉到希望与光明。可如今小曼简直是要把他逼仄到死角，待在上海的家里让他透不出一口气。

　　思来想去，徐志摩决定再次出国。

　　1928年6月15日，志摩登上了远洋的轮船。

再别康桥，一世情缘终错过（1）

在姻缘这件事上，或许有些人注定就是要错过的。我绝对相信志摩与小曼之间是真爱。小曼也绝非薄情寡义、水性杨花的女子。志摩虽然因追求林徽因而离婚，但那是因为他实在不喜欢张幼仪——试问你会甘心留在一个不喜欢的人身边吗？别太傻。

陈奕迅在《红玫瑰》里唱："得不到的永远在骚动，被偏爱的都有恃无恐。"作家林夕总是能准确无误地揭示出人性里的恶：一对恋人，在得不到彼此时，满心满眼都是对方的好，日日为两人的将来做美丽规划。可在千辛万苦得到后，却不去珍惜，发生一点摩擦就去相互怪罪和疏离，所以老人们常说："要多一点包容心，尝试站在对方的角度上看问题。"

志摩心性单纯，他不懂得该怎样处理两性之间的关系，在追求时可以在心头点燃一把火，却永远没法和心爱的人正

确地相处。面对不顺利的感情，他只有一个绝招，那就是
"逃"。如今跟小曼闹得不愉快，他一念之下上了去往国外
的船。

　　也行吧。这是志摩熟悉而惯用的方式，不管什么由头，
能使他开心就好。

　　果然，再次踏上新旅途，大洋彼岸的旖旎风光将志摩胸
中的阴霾一扫而光。他先经过日本横渡太平洋去美国，后又
由英国转入印度去探望大诗人泰戈尔。上次寻访大诗人未
果，始终是他心头的遗憾。只是怀想上次与小曼仍在热恋之
中，而这次虽抱得美人归，却完全没有了当初的激动，亦是
有些难过。不过，所幸这次终于与泰戈尔先生晤面。这一路
可谓千里万里，观赏了不少各地特色的风光。在日本，他站
在神户著名的雌雄龙瀑布之下，任山间的飞瀑流泉带走烦
忧；在英国，再次游览了当初留洋时所依偎着的康桥。曾
经，这里还残留着他与女神林徽因的青涩爱恋……他的心情
跟随他的脚步，白日里多么欢欣，多么神气，可是一到晚
上，回到船上，想到此时正在上海的小曼，想到他们婚后那
失意的情景，他的心情又变得很坏，于是摊开纸笔，写起信
件来：

　　"在船上是个极好反省的机会。我愈想愈觉得我俩有

赶快觉醒的必要。上海这种疏松的生活实在要不得，我非得把你身体先治好，然后再定出一个规模来，另辟一个世界，做些旁人做不到的事业，叫爸娘吐气。"

或许是意识到自己的语气太过生硬，他又匆匆写了另外一封："曼，你果然爱我，你得想想我的一生，想想我俩共同的幸福；先求养好身体，再来做积极的事。"

我想，此时的徐志摩内心定是充满了矛盾。他对小曼的感觉，已是"哀其不幸，怒其不争"了，想要她放下那些不良嗜好，把身体养好，先用一种"命令式"的语气，而后又觉得不忍，才改换了"温柔地劝慰"。可见，他内心深处，还是心疼小曼多一些。

但时光是会变魔术的，总有一些人，在时光的用力下，渐渐成为了另一个"别的什么人"。志摩还是以往爱护小曼的志摩，小曼却不再是那个温柔等信的小曼——她想必在上海的家中，为鸦片和聚会的欢乐所鼓舞着，躁动着，早已忘记大洋彼岸，尚有一个爱她怜她的志摩了。小曼一直都没有长大，更别说做一个成熟的女人了。她从小被捧在手心，或许在爱情中想要的，也是那种时时能将自己捧在手心的恋人。

这边，志摩等她的回信等得困难重重，心里又焦又急。

此番出洋除放松心情，他也是带着任务来的，要把从国内带来的一些古董脱手卖给外国人。小曼不回信，他的事业也做得不顺。他继续写信给小曼倒苦水，说外国人现在变聪明了，他们又要这物件的明实来历，又要操心付给中介多少佣金，真是烦不胜烦。最倒霉的是，船到纽约竟遇到专门的海关人员检查行李，也多亏领馆那边派人来接，否则他的几箱子物件可要血本无归。

经过这件事，他不再纠结于价钱多少，只想早日将这批货物脱手，省得带着也是麻烦。

一路上，虽是风尘仆仆，狼狈至极，也没收到小曼回写的信，但仍不妨碍志摩坚持用自己的方式去疼她爱她，无论走到什么地方，一旦发现有些东西可能会讨小曼欢喜，他都会掏钱毫不犹豫地购买下来。他是想，小曼能听他的话，两个人好好生活。

在康桥，故地重游的他感慨良多，挥笔写下了那首著名的《再别康桥》：

轻轻的我走了，

正如我轻轻的来；

我轻轻的招手，

作别西天的云彩。

那河畔的金柳，

是夕阳中的新娘；

波光里的艳影，

在我的心头荡漾。

软泥上的青荇，

油油的在水底招摇；

在康河的柔波里，

我甘心做一条水草！

那榆荫下的一潭，

不是清泉，是天上虹；

揉碎在浮藻间，

沉淀着彩虹似的梦。

寻梦？撑一支长篙，

向青草更青处漫溯；

满载一船星辉，

在星辉斑斓里放歌。

但我不能放歌，

悄悄是别离的笙箫；

夏虫也为我沉默，

沉默是今晚的康桥！

悄悄的我走了，

正如我悄悄的来；

我挥一挥衣袖，

不带走一片云彩。

长达五个月的欧洲旅行，虽身感疲惫，却使徐志摩获得了不少精神上的力量。五个月后，他回到了上海的家。

或许是此次拜访泰戈尔，并向他倾吐了自己与小曼的不快，回来没多久，志摩即接到对方拍发的电报，说将启程回访，请小曼与志摩做好准备。

这可把小曼与志摩乐坏了，若说他们得成其好的大恩人，泰戈尔绝对纸上有名。在最初志摩对他倾诉苦恼时，泰戈尔就曾鼎力相助，用言语鼓励他坚持真爱；在他们的"丑事"闹得满城风雨，连相见都难时，泰戈尔又特意嘱咐、邀请，为俩人制造机会；结婚之后，得知志摩用钱困难，他特意邮寄一大笔钱帮助他们夫妇生活。泰戈尔之于徐志摩，确实是一个再好不过的长辈。想他也是集大成者的文化大家，志摩与小曼自然心存感激。

1929年3月，泰戈尔受邀去加拿大参加国民教育会议，途径中国，遵守约定，专程来到上海，看望小曼与志摩。

小曼对于老诗人的到来，简直到了欣喜的程度。她推掉了一切的外出活动，安心在家陪伴老诗人。此时的她，又变回那个聪慧机警、活泼可爱的小女人了，俩人一同画画、品鉴艺术，老诗人的心一点点被小曼折服。以至于离开志摩家后，在向别人介绍这位著名的名媛时，泰戈尔总是说："她是我的'儿媳妇'，陆小曼。"可见，泰戈尔是打心里认可小曼的。

这段经历着实使人难忘。多年以后，小曼还专门写文章贺诗人八十大寿，名字叫作《泰戈尔在我家》："本来我同泰戈尔是很生疏的，他第一次来中国的时候，我还未曾遇见志摩；虽然后来志摩同我认识之后，第一次出国的时候，就同我说此去见着泰戈尔一定要介绍你的，还叫我送一张照片给他；可是我脑子里一点感想也没有。一直到去了见着老人之后，寄来一张字条，是老人的亲笔；当然除了夸赞几句别无他话，而在志摩信里所说的话，却使我对这位老人发生了奇怪的感想。他说老人家见了我们的相片之后，就将我的为人，脾气，性情都说了一个清清楚楚，好像已见着我的人一样；志摩对于这一点尤其使他钦佩得五体投地；恨不能立刻叫我去见他老人家。同时他还叫志摩告诉我，一二年后，他一定要亲自来我家，希望能够看见我，叫我早一点预备。自从那时起，我心里才觉得老人家真是一个奇人，文学家而同时又会看相！"

1930年，志摩在好友胡适的帮助下，决定彻底逃离上海那种糜烂的生活，于是辞掉了上海和南京的教学工作，到北京大学英文系担任教授。相对于上海，志摩似乎是更喜欢北京的。这两座城市虽然都很繁华，但北京骨子里有文人的气息流淌，且文化氛围也更浓厚。上海的纸醉金迷他原本就不爱，这里又有很多旧识老友，没事就可以聚在一起研究文化，自然得意。在北京安定下后，志摩赶紧写信到上海，他想要小曼早点过来，一是为改换新的生活，二是他们夫妻总要团圆。

写信的语气依然恳切，带着些许"哀求"的意味："眉眉，大好的机会为你我开着，再不可错过了。"

只是小曼流连上海的歌舞升平，始终不肯搬回北京。（也有人说，小曼后来在日记中透露，自己已经同意他的要求，择日搬去北京长居。只是他们都没等到那一天，并非外界疯传的陆小曼不肯迁居北京。）

再别康桥，一世情缘终错过（2）

如果能提前知道，现在拥有的一切，会在不久的某个将来失去，人们会不会更为珍惜一些？似乎人类天生就不懂这"珍惜"的命题，才一次又一次地错过，令生命无端生出许多的遗憾，就像席慕蓉写的："欢乐总是乍现就凋零，走得最急的都是最美的时光。"由于与小曼分居两地，志摩需要经常往返于北京、上海两地，为了节省路费，他不得不常常坐别人的免费飞机。在当时，飞机还不是一种普及的交通工具，大众都对它的安全性表示怀疑，小曼虽是个思想前卫的人，也觉得乘坐飞机太危险，不如火车安全。志摩似乎看出了她的心事，满是怒气地说："我只是个穷教授，哪有那么多钱来乘坐火车？"小曼听了，竟觉委屈，自己这是好心安慰他呢，也就没好气地呛他："心疼钱，那你还是尽量少回来吧！"志摩当即气得哑口无言。但他心里清楚，自己还是要担负起一个丈夫的责任。他不厌其烦地在两地间来回奔波，仅1931年的上半年，就达八次之多。

　　1931年4月，徐志摩母亲病重，父亲徐申如发电报要志摩速速回家，并且拒绝小曼的出现。徐志摩为此很生气，但一想到母亲此时的境况，也就不便多说。过了几日，父亲再次打来电话催促志摩回家，志摩问："那小曼怎么办？"徐父答："且缓，你先安慰她几句吧！"志摩算彻底明白了，他们是怎么都不要见这个儿媳。

　　不久，徐母过世，小曼闻讯急急赶到海宁硖石，没想到却被徐父拦在了门外。无奈之下，她只好在当地的一家旅馆里住下，当晚回到了上海。不久她又接到消息，说志摩的前妻张幼仪以徐家干女儿的名义参加了葬礼，并且还是徐父坚持邀请去的。心高气傲如小曼者，哪里受得了这样的委屈，她认为自己在徐家没有一点地位，甚至不及已离婚的张幼仪——这让我想起孟小冬也曾被拦截在去参加梅兰芳桃母（大伯母）的葬礼的门外。小曼此时是彻底地崩溃了，自己也是被志摩明媒正娶的，来到徐家并未有半点出格之举，怎么会被人这样地嫌弃着。然而她更没想到的是，后来志摩出事，她作为他唯一的妻子和爱人，也一样被徐家人取消了参加葬礼的资格。

　　志摩对此事也是异常气愤，他忙写信给小曼，宽慰她说："我家欺你，即是欺我。这是事实，我不能护我的爱妻，且不能保护自己。我也懊憹得无话可说，再加不公道的来源，即是自己的父亲，我那晚顶撞了几句，他便到灵前去放声大哭。"

1931年11月上旬，小曼连发十几通电报催促徐志摩南返，因为家里的钱已经所剩不多，无法维持她在上海的排场。11月11日，徐志摩搭乘张学良的专机飞抵南京，并于13日回到上海家中。多日不见，换来的不是小曼的温情软语，却是夫妇俩的再一次唇枪舌剑，志摩被骂个狗血淋头。

1931年11月17日晚上，徐志摩约了几位朋友在家中聊天。小曼依旧玩到很晚才回家，而且喝得烂醉如泥。志摩看到她的样子，因有朋友们在场而略显尴尬，但也不好多说什么。

第二天一早，小曼睡醒后就找了翁瑞午来，俩人当着志摩的面按摩，然后一块儿躺在床上抽鸦片。徐志摩忍了许久的怒气终于爆发。翁瑞午一走，志摩就说了小曼几句，谁知小曼操起烟枪就朝徐志摩砸去。烟枪擦眼角飞过，一下将志摩的眼镜砸到了地上，镜片伴随着哐当的一声，彻底破碎。再看小曼，似乎也没解气，气呼呼地站在原地。空气中像有一把无形的刀斧，悄无声息地斩断了两个人之间的感情。

1931年11月18日，徐志摩住到何竞武家，原本他打算乘坐张学良的福特式飞机回北京，却没想到，张学良因临时有事通知他改期。为了赶上林徽因19日晚上在北平协和小礼堂那场关于中国古代建筑的讲演，志摩临时决定，于19日搭乘一架邮政机飞往北京。

登机之前，徐志摩给陆小曼发去一封短信，信上说："徐州有大雾，头痛不想走了，准备返沪。"然而他还是走了。因大雾影响，飞机于中午12时半在济南党家庄附近触山爆炸。当时的《新闻报》这样报道："……该机于上午十时十分飞抵徐州，十时二十分继续北行，是时天气甚佳，不料该机飞抵济南五十里党家庄附近，忽遇漫天大雾，进退俱属不能，致触山顶倾覆，机身着火，机油四溢，遂熊熊不能遏止，飞行师王贯一、梁璧堂及乘客徐志摩，遂同时遇难……"飞机上加志摩一共有三人，都是刚满三十六岁的青年，无一生还。徐志摩的手脚被烧成焦炭，死状极惨。就这样，一代诗人匆匆地走掉了，正如他当年写下的那首小诗："悄悄的我走了，正如我悄悄的来，我挥一挥衣袖，不带走一片云彩。"这一年，陆小曼二十九岁。

据陆小曼的表妹吴锦回忆，表姐小曼提起志摩的死，多半伴随着一件奇怪的事：徐志摩搭乘的飞机坠落的那日中午，她看到家中悬挂在客堂的一个镶有志摩照片的相框突然掉了下来，相架摔在地上摔个粉碎，玻璃碎片散落着，覆盖在志摩的照片上。小曼预感到志摩可能会有什么危险，但她又不忍这样去想，只是心口扑通扑通跳得好厉害。果然，第二天就得到了徐志摩去世的噩耗。她承受不了这样的打击，一下子就昏厥了过去。醒过来后，小曼号啕大哭，直到眼泪哭干。郁达夫有一段文字是描写小曼接到噩耗时的伤痛的：

"悲哀的最大表示，是自然的目瞪口呆，僵若木鸡的那一种样子，这我在小曼夫人当初接到志摩凶耗的时候曾经亲眼见到过。其次是抚棺一哭，这我在万国殡仪馆中，当日来吊的许多志摩的亲友之间曾经看到过。"

郁达夫之妻王映霞也在自传中这样写道："下午，我换上素色的旗袍，与郁达夫一起去看望陆小曼。陆小曼穿一身黑色的丧服，头上包了一方黑纱，十分疲劳，万分悲伤地半躺在长沙发上。见到我们，挥挥右手，就算是招呼了，我们也没有什么话好说，在这场合，说什么安慰的话都是徒劳的。沉默，一阵长时间的沉默。陆小曼蓬头散发，大概连脸都没有洗，似乎一下老了好几个年头。"

陆小曼清醒后，坚持要去山东党家庄接徐志摩的遗体，被朋友们和家里人死命劝住了，最后决定派徐志摩的儿子徐积锴（张幼仪所生）前往接回。

当志摩的遗体运送回来时，小曼见到了现场唯一的一件遗物，那是小曼在1931年春天创作的一幅山水画长卷，风格清丽，色彩怡人。特别是它的题跋，计有邓以蛰、胡适、杨铨等人手笔。志摩此番带着这幅画卷，是想要到北京后再请人加题，为此他将画卷小心地放在铁箧中，因此才得以保存。可见他是非常珍爱这幅画的。小曼看着这张画卷，想着斯人已逝，这才领悟到他的好处。她痛恨自己为何这样不懂事，几次三番不肯听志摩的劝告，与他好好生活。可是现在再说这些似乎一切为时已晚，她的志摩早已经看不到她的泪水与忏悔。自此，她将志摩的这件遗物好好地珍藏，像珍惜余生一般珍惜着它。

志摩的突然离去，给小曼造成了巨大的打击。很多志摩的朋友认为是小曼的刁蛮任性才会害死志摩，自此不愿与她来往。从此，小曼变了一个人。她从那些热闹的舞会上彻底消失了，也没再出现在任何公开场合。她待在家中，日日与书画相对，身上穿的，是纤尘不染的素服。志摩走了，也把那个不可一世的名媛陆小曼，彻底地带走了。

一个月后，陆小曼写了声情并茂的《哭摩》，将她的悲伤全部写在纸上：

"我深信世界上怕没有可以描写得出我现在心中如何悲痛的一枝笔。不要说我自己这枝轻易也不能动的一枝。可是除此我更无可以泄我满怀伤怨的心的机会了，我希望摩的灵魂也来帮我一帮，苍天给我这一霹雳直打得我满身麻木得连哭都哭不出来，混（浑）身只是一阵阵的麻木。几日的昏沉直到今天才醒过来，知道你是真的与我永别了。摩！慢说是你，就怕是苍天也不能知道我现在心中是如何的疼痛，如何的悲伤！从前听人说起'心痛'我老笑他们虚伪，我想人的心怎么觉得痛，这不过说说好玩而已，谁知道我今天才真的尝着这一阵阵心中绞痛似的味儿了。你知道么？曾记得当初我只要稍有不适即有你声声的在旁慰问，咳，如今我即使是痛死也再没有你来低声下气的慰问了。摩，你是不是真的忍心永远的抛弃我了么？你从前不是说你我最后的呼吸也须要连在一起才不负你我相爱之情么？你为什么不早些告诉我是要飞去呢？直到如今我还是不信你真的是飞了，我还是在这儿天天盼着你回来陪我呢，你快点将未了的事情办一下，来同我一同去到云外优游去吧，你不要一个人在外逍遥，忘记了闺中还有我等着呢！"

小曼虽然也有稍许才气，但毕竟更爱交际多些，所以志摩在时，她很少写东西，只是同志摩生活的这五年多时光，日日在志摩的熏陶下，也开始对文学产生兴趣。再加上志摩的死，使她决心听从他的建议，放弃那种糜烂生活，好好振作——我想，她的志摩若在天有灵，也会因她终能改变，觉得死而无憾吧。

1932年，徐志摩的追悼会在海宁硖石召开，小曼因公公的阻挠未能到场参加，她为志摩写了一副挽联：

多少前尘成噩梦，五载哀欢，匆匆永诀，天道复奚论，欲死未能因母老；

万千别恨向谁言，一身愁病，渺渺离魂，人间应不久，遗文编就答君心。

从这副悼词中可以看出，小曼对五年婚姻生活匆匆而逝的遗憾，遗憾君安好时未能珍惜，如今只恨不能追随他去，也只是因为母亲老了，需要她这个唯一的女儿在身边。而活下去的小曼，也有了全新的目标，那就是"遗文编就答君心"，她要用自己的余生，替志摩完成他未了的心愿。

1933年清明节，陆小曼独自一人来到硖石，探望志摩。这是陆小曼第五次回到这里，也是最后一次。志摩已经去世两年，小曼内心仍旧哀伤。像她这样聪慧机警的女子，却也对爱情的真谛理解甚晚——为何总是在拥有时，不曾想过要好好珍惜。小曼也没有再回到当初新婚时，与志摩共同居住的爱心小巢中去，志摩不在了，那是徐家的房产，徐家长辈也从未承认过她的身份，她也不愿去故地重游，揭开物是人非的伤痛。她站在东山万石窝前，远远地望着那一幢中西合璧的红色砖瓦房子，眼泪忍不住夺眶而出。

哭摩，一江清泪昼夜长流

　　小曼是年轻时丧夫，这其中的孤独，只有她一人懂得。

　　我也是儿时就失去一位至亲，所以懂得，悲伤要来的时候，是任何东西都无法抵挡的。那种长夜漫漫、孤立无援的悲伤，只会让人感到切肤一样的疼痛。我想不明白的是，有些人是我们无缘珍惜——即在我们尚未成人的时刻，便离我们远去；有些人，我们经历千难万险才得以同他在一起，却竟然也丝毫没有去珍惜。人啊，你的所作所为，非要是应验那句"可怜之人，必有可恨之处"吗？难以想象，真是难以想象。

　　也看过别人哀悼另一半的句子，远一些的有苏轼写给自己的亡妻："十年生死两茫茫，不思量，自难忘。"；近一些的有杨绛女士回忆她与钱钟书以及女儿钱瑗的书籍，名叫《我们仨》，书里这样写道："有一晚，我做了一个梦。我和锺书一同散步，说说笑笑，走到了不知什么地方。太阳已经下山，黄昏薄幕，苍苍茫茫中，忽然锺书不见了。我四顾寻找，不见他的影踪。我喊他，没人应。"

　　窃以为，失去之后之所以会悲伤，皆因为再也无法得偿往日的美好。是的，个人的力量总那样有限，逝去的东西永远地逝去，不管你多痛，多愁，多么舍不得，上天拿走就是拿走，再也不会还你了。

　　天真任性如小曼，或许她从未想过，志摩与她的好日子，竟这么快就走到了尽头。那些他在的日子，她丝毫没有感觉到生活究竟多难熬，毕竟志摩心里有怨言，却还是拼了命地挣钱，想对她好。

　　小曼写《哭摩》，也是手足无措了。她今生只两段感情，一段与王赓，是自己懵懂年少听了大人话，稀里糊涂地嫁了人；一段与志摩，是情窦初开热情似火，经历过赴汤蹈火的伤痛才得到，然而真真没想到竟是这样快地失去了。志摩的死，她亦是不能原谅的。但她更加不能原谅的，恐怕也只是自己了。如今人去楼空，租住的房间里，是再也不会出现志摩的身影和声音了，孤独像头饿狼一般，瞬间将她整个吞噬。她写《哭摩》，是缓解内心对志摩的愧疚与伤害，也是为了给自己多一点时间，陪着他，然后从之前"不健康不正确"的生活方式中解脱、逃离出来。

　　《哭摩》，字字锥心。

　　"这不是做梦么，生龙活虎似的你倒先我而去，留著一个病恹恹的我单独与这满是荆棘的前途来奋斗。志摩，这不是太惨了么？我还留恋些甚么？可是回头看看我那苍苍白发的老娘，我不由一阵阵只是心酸，也不敢再羡你的清闲爱你的优游了，我再那有这勇气，去丢她这个垂死的人而与你双双飞进这云天里去围绕著灿烂的明星跳跃，忘却人间有忧愁有痛苦像只没有牵挂的梅花鸟。这类的清福怕我还没有缘去享受！我知道我在尘世间的罪还未满，尚有许多的痛苦与罪孽还等著我去忍受呢。我现在唯一的希望是你倘能在一个深沈的黑夜里，静静凄凄的放轻了脚步走到我枕边给我些无声的私语让我在梦魂中知道你！我的大大是回家来探望你那忘不了你的爱著了，那时间，我决不张皇！你不要慌，没有人会来惊扰我们的。多少你总得让我再见一见你那可爱的脸我才有勇气往下过这寂寞的岁月，你来吧，摩！我在等著你呢。

　　"是到如今我一些也不怨，怨谁好？恨谁好？你我五年的相聚只是幻影，不怪你忍心去，只怪我无福留，我是太薄命了，十年来受尽千般的精神痛苦，万样的心灵摧残，直将我这一颗心打得破碎得不可收拾？到今天才真变了死灰的了也再不会发出怎样的光彩了。好在人生刺激与

柔情我也曾尝味，我也曾容忍过了。现在又受到了人生最
可怕的死别。不死也不免是朵憔萎的花瓣再见不著阳光晒
也不见甘露漫了。从此我再不能知道世间有我的笑声了。

　　"经过了许多的波折与艰难才达到了结合的日子，你
我那时快乐直忘记了天有多高地有多厚，也忘记了世界上
有忧愁二字，快活的日子过得与飞一般的快，谁知道不久
我们又走进愁城。病魔不断的来缠著我，它带著一切的烦
恼，许多的痛苦，那时间我身体上受到不可言语的沈痛，
你精神上也无端的沈入忧闷，我知道你见我病身吟呻，转
侧床第，你心坎里有说不出的怜惜，满肠中有无限的伤
感，你虽慰我，我无从使你再有安逸的日子，摩，你为我
荒废了你的诗意，失却了你的文兴，受著一般人的笑骂，
我也只是在旁默默自恨，再没有法子使你像从前的欢笑。
谁知你不顾一切的还是成天安慰我，叫我不要因为生些病
就看得前途只是黑暗，有你永远在我身边不要再怕一切无
味闲论。我就听著你静心平气的养，只盼著天可怜我们几
年的奋斗，给我们一个安逸的将来，谁知到如今一切都是
幻影，我们的梦再也不能实现了，早知有今日何必当初你
用尽心血的将我抚养呢？让我前年病死了，不是痛快得多
么？你常说天无绝人之路，守著好了，那知天竟绝人如

此，那儿还有我可以平坦著走的道儿？这不是命么？还说甚么？摩，不是我到今天还在怨你，你爱我，你不该轻身，我为你坐飞机，吵闹不知几次，你还是忘了我的一切叮咛，瞒著我独自飞上天去了。

"完了，完了，从此我再听不见你那叽咕小语了，我心里的悲痛你知道么？我的破碎的心留著等你来补呢，你知道么？唉，你的灵魂也有时归来见我么？那天晚上我在朦胧中见著你往我身边跑，只是一霎眼就不见了，等我跳著，叫著你，再也不见一些模糊的影子了，咳，你叫我从此怎样度此孤单的岁月呢，真是叫天天不应，叫地地不响，苍天因何给我这样残酷的刑罚呢！从此我再不信有天道，有人心，我恨这世界，我恨天，恨地，我一切都恨，我恨他们为什么抢了我的你去，生生的将我们一颗碰在一起的心离了开去，从此叫我无处去摸我那一半热血未乾的心，你看，我这一半还是不断流著鲜红的血，流得满身只成了个血人，这伤痕除了那一半的心回来补，还有甚么法子叫她不滴滴的直流呢？痛死了有谁知道，终有一天流完了血自己就枯萎了。若是有时候你清风一阵的吹回来见著我成天为你滴血的一颗心，不知道又要如何的怜惜何等的张皇呢！我知道你又看直著两个小猫似眼珠儿乱叫乱叫著，看，看，的了，我希望你叫高声些，让我好听得见，你知道我现在只是一阵阵糊涂，有时人家大声的叫著我，我还是东张西望不知道声音是何处来的呢，大大，若是我正在接近著梦境，你也不要怕扰了我梦魂像平常人的不敢惊动我，你知道我再不会骂你了，就是你扰我从此不睡我也不敢再怨了，因为我只要再能得到你一次的扰，我就可以责问他们因你骗我说你不再回来，让他们看看我的摩还是丢不了我，乖乖的又回来陪伴著我了，这一回我可一定紧紧的搂抱你再不能叫你飞出我的怀抱了。天呀！可怜我，再让你回来一次吧！我没有得罪你，为甚么罚我呢？摩！我这儿叫你呢，我喉咙里叫得直要冒血了，你难道还没有听见么？直叫到铁树开花，枯木发声，我还是忍心著等，你一天不回来，我一天的叫，等著找那天没有了气我才甘心的丢开这唯一的希望。

"你这一走不单是碎了我心，也收了许多朋友不少伤感的痛泪。这一下真使我们感觉到人世的可怕，世道的险恶，没有多少日子竟会将一个最纯白最天真一个不可多见的人收了去，与人世永诀。在你也许到了天堂，在那儿还一样过你的欢乐日子，可是你将我从此就断送了，你从前不是说要我清风似的常在你的左右么？好，现在倒是你先化著一阵清风飞去天边了，我盼你有时也吹回来帮著我做些未了的事情，要是你有耐心的话，最好是等著我将人事办完了同著你一同化风飞去，让朋友们永远只听见我们的风声而不见我们的人影，在黑暗里我们好永远逍遥自由的飞舞。

"我真不明白你我在佛经上是怎样一种因果，既有缘相聚又因何中途分散，难道说这也有一定的定数么？记得我在北平的时候，那时还没有认识你我是成天的过著那忍泪假笑的生活，我对人老含著一片至诚纯白的心而结果反遭不少人的讥诮，竟可以说没有一个人能明白我，，能看透我。一个人遭著不可言语的痛苦，当然不由的生出厌世之心，所以我一天天的只是藏起了我的真实的心而拿一个虚伪的心来对付这混浊的社会，也不希望再有人来能真直的认识我明白我。甘心愿意从此自相摧残的快快了此残生，谁知道就在那时候遇见了你，真如同在黑暗见著了一线光明，垂死的人又透了一口气，生命从此转了一个方向。摩摩，你的明白我，真可算是透切极了，你好像是成天钻在我的心房里似的，直到现在还只是你一个人是真还懂得我的。我记得我每遭人辱骂的时候你老是百般的安慰我，使得我不得不对你生出一种不可言喻的感觉，我老说，有你，我还怕谁骂，你也常说，只要我老明白你，你的人是我一个人的，你又为甚么要去顾虑别人的批评呢？所以我那怕成天受著病魔的缠绕也再也不敢有所怨恨的了。我只是对你满心的歉意，因为我们理想中的生活全被我的病魔来打破，连累著你成天也过那愁闷的日子。可是二年来我从未见你有一些怨恨，也不见你因此对我稍有冷淡之意。也难怪文伯要说，你对我的爱是Complete and true的了，我只怨我真是无以对你，这，我只好报之于将来了。

　　"我现在不顾一切往著这满布荆棘的道路上去走，去寻一点真实的发展，你不是常怨我跟你几年没有受著一些你的诗意的陶镕么？我也实在是惭愧，真也辜负你一片至诚的心了，我本来一百个放心，以为有你永久在我身边，还怕将来没有一个成功么？谁知现在我只得独自奋斗，再不能得你一些相助了，可是我若能单独撞出一条光明的大路也不负你爱我的心了，愿你的灵魂在冥冥中给我一点勇气，让我在这生命的道上不感受到孤立的恐慌。我现在很决心的答应你从此再不张著眼睛做梦躺在床上乱讲，病魔也得最后与它决斗一下，不是它生便是我倒，我一定做一个你一向希望我所能成的一种人，我决心做人，我决心做一点认真的事业，虽然我头顶只见乌云，地下满是黑影，可是我还记得你常说「受苦的人没有悲观的权力。」一个人决不能让悲观的慢性病侵蚀人的精神，同厌世的恶质染黑人的血液。我此后决不再病（你非暗中保护不可）我只叫我的心从此麻木，再不在问世间有恋情，人们有欢娱，我早打发我心，我的灵魂去追随你的左右，像一朵水莲花拥扶著你往白云深处去缭绕，决不回头偷看尘间的作为，留下了我的躯壳同生命来奋斗，等到战胜的那一天，我盼你带著悠悠的乐声从一团彩云里脚踏莲花瓣来接我同去永久的相守，过吾们理想中的岁月。

"一转眼，你已经离开了我一个多月了，在这短时间我也不知道是怎样的过来的，朋友们跑来安慰我，我也不知道是说甚么好，虽然决心不生病，谁知一直到现在它也没有离开过我一天，摩摩，我虽然下了天大的决心，想与你争一口气，可是叫我怎受得了每天每时悲念你时的一阵阵的心肺的绞痛，到现在有时想哭眼泪乾得流不出一点，要叫；喉中痛得发不出声，虽然他们成天的逼我一碗碗的苦水，也难以补得了我心头的悲痛，怕的是我恹恹的病体再受不了那岁月的摧残，我的爱，你叫我怎么忍受没有你在我身边的孤单。你那幽默的灵魂为甚么这些日也不给我一些声响？我晚间有时也叫他们走开，房间不让有一点声音，盼你在人静时给我一些声响，叫我知道你的灵魂是常常环绕著我，也好叫我在茫茫前途感觉到一点生趣，不然怕死也难以支持下去了。摩！大大！求你显一显灵吧，你难道忍心真的从此不再同我说一句话了么？不要这样的苛酷了吧！你看，我这孤单的人影从此怎样的去撞这艰难的世界？难道你看了不心痛么？你一向爱我的心还存在么？你为什么不响？大！你真的不响了么？"

我不杀伯仁，伯仁却因我而死。

第四章

不许人间见白头

小曼自小深受母亲浓郁的艺术熏陶，加上每日放学，还有母亲特地在旁督促与辅导，自然在学生时代就已掌握了一些绘画的创作精要。

美人心殇，艺术界"普罗米修斯"

　　我知道很多人是自陆小曼与徐志摩的爱情开始关注陆小曼的。小曼对待爱情轰轰烈烈的做法，引得太多人误解了她，以为她不过是个身段婀娜、逢场作戏的交际花。但也有极少支持和喜爱小曼的人。小曼也没心计，她所做的一切，只是跟随内心的一片赤诚走着，并不曾顾及日后人们谈起她时的评论，小曼只为此时此刻活着。

　　小曼的绘画是一绝，曾被大家美名曰"艺术界的普罗米修斯"。想要了解小曼的生活，离不开她的绘画艺术。小曼创作的领域是山水画，大致可以分为三个阶段：一是自绘画启蒙到徐志摩死之前，即1931年之前；二是陆小曼重拜贺天健等人为师，真正开启艺术创作，即1932年到20世纪50年代；三是陈毅发掘小曼这颗"沧海遗珠"，将她聘为上海市政府参事、文史馆员和上海中国画院专业画师到她香消玉殡之时。这条漫长的绘画之路，小曼走起来也同样倾注一片真诚。

前文曾介绍小曼的母亲吴曼华多才多艺，在诗词绘画和古典文学方面都有很深厚的功底，擅工笔花卉。小曼自小深受母亲浓郁的艺术熏陶，加上每日放学，还有母亲特地在旁督促与辅导，自然在学生时代就已掌握了一些绘画的创作精要。

入学北京圣心学堂读书，小曼逐渐喜欢上了西洋画，主攻静物写生和风景临摹，经过短暂的学习，绘画创作的天分显露无遗——当时，曾有一位法国人主动掏钱购买她的一幅油画，就是最好的证明。

后来，小曼因与徐志摩的爱情不如意，在二人两地分隔的时段里，常以作画打发苦闷。《小曼日记》里就曾有多处记载，诸如1925年3月15日写道："下午我又画一会儿画，以为他昨天回来的，预备着晚上好好地写一写的，心里无限愁闷，想漏漏出来，哪里知道连这点儿机会都难得。"18日："还画了几张画呢。同叔华写了一封长信。"可见，即便在最为愁苦的时刻，绘画也是小曼最贴心的契友。

1925年8月，小曼正式拜刘海粟为师学习国画，自此国画画艺有了极大的提高。刘海粟评价她的画："工笔花卉和淡墨山水，颇见宋人院本的传统。"

1927年冬，上海某团体以赈灾为名请陆小曼演戏，首次演出在恩派亚大戏院举行，陆小曼演昆曲《思凡》，后与江小鹣、李小虞合演《汾河湾》，名声大噪，吸引了一众上流社会的男女前去拜会，都以能够一睹其芳容为荣。小曼也从这里结识下江小鹣、翁瑞午一班朋友。

其中，翁瑞午擅长绘画、品画，家境充沛，又极爱艺术，与小曼的相识，可谓正"投其所好"。自此，小曼在外界的演出活动愈加频繁，当时的夏令配克戏院几乎每隔一段时间都能看到她的踪影。

1928年初夏，陆小曼与徐志摩、叶恭绰共游西湖。6月25日，志摩去信嘱咐小曼："你这几个月身体如能见好，至少得赶紧认真学画和读些正书。要来就得认真，不能自哄自，我切实的希望你能听摩的话。"小曼或许也动了真心思，七月就与志摩一同出版了俩人合著的《卞昆冈》，也开始认真研画，绘画。

1929年，陆小曼应邀参与中国女子书画会的成立筹备工作，出了不少力气。1930年秋，小曼在志摩的引荐下，拜山水画家贺天健为师（画画，写文章，认真生活，一直都是志摩对小曼的期盼）。当时的小曼"误入歧途"，与志摩多有争吵，生活放纵，常约翁瑞午躺在床侧大抽鸦片。为了逼小曼回归正途学出成绩，志摩费尽心机，才使贺天健与她"约法三章"："老师上门，杂事丢开；专心学画，学要所成；每课八十大洋，中途不得辍学。"自那时起，贺天健每周都要授课两次，每次都要用车接送，授课完毕，当场兑付八十大洋。俗话说"严师出高徒"，小曼原本就很有绘画的天分，此番经过努力，最终使画艺得到长足的进步。

作为"过来人"，贺天健给小曼的珍宝是"三看"：一是要细看真山真水，二是要细看古今名画，三是要细看自己的作品。渐渐地，小曼的画作也越来越近似恩师的风格。只可惜，一年后，徐志摩遭遇空难逝世，小曼肝肠寸断，不得已暂时停止了学习。虽然小曼跟随恩师学习的时日不久，但那段时间她格外用心，所以也学到了贺天健的一些精髓，终于在山水画的创作领域学有所成，最难得是她舍得在临摹古人佳作上苦下功夫。

1931年1月20日，徐志摩与陈梦家等人创办《诗刊》季刊，而小曼也悉心专门创作了一幅国画《设色山水图卷》。只见画作之上，山水烟云迷蒙，山林掩映，笔墨清淡，一派江南盛景。小曼的笔锋风格清丽，秀润天成。

"九·一八"事变前夕，日本人对我东北三省觊觎已久，小曼创作此画更多地是为了寄托自己对祖国河山的热爱，希望它们不要受到日本人的践踏。当时的文人，但凡见到小曼的墨宝，都不吝称赞，陈从周就曾在《含泪中的微笑——记陆小曼画山水卷》中如是说："小曼与志摩结婚后，住在上海，拜贺天健为师学画。这幅长卷是其早期作品，她的山水秀润天成。晚年渐入苍茫之境，过去赠我的几幅确是精品，可惜已成乌有了。她是常州人，书法是其乡贤恽南田的味道，皆是才人之笔。"而《陆小曼绘画崇古》也曾记载："诗人徐志摩的第二任夫人陆小曼，人称才女，为人颖悟卓绝，有清代四王'中王'王鉴一路特色，格调幽雅淡远。抗战期间，她办过一次个人画展，当时有人说：'徐志摩是新派诗人，夫人却是崇古画家。'"

这幅长卷是小曼的心血，因而也成了徐志摩的心头宝，他随身携带，到处找人题跋，直至遇上空难，还能发现它被志摩小心地封存在铁匣里，所以才没被烧毁。可见，志摩对这幅长卷有多深刻地喜爱。为此，志摩还曾特意写信给小曼，鼓励和赞扬她的创作："先从绘画中发见自己本真，不朽事业，端在人为。你真能提起勇气，不懈怠，不间断的做去，不患不成名。"

自此，志摩还写了诸多鼓励和督促小曼进行绘画创作的信件，目的是要小曼不断努力，做到精益求精——由此可见，志摩对小曼的一片爱心绝对赤诚，来得热烈动人。我们现代人常说，爱一个人就带她去看到更为宽广的世界。我想，徐志摩是真切地做到了。他看到了小曼身上所迸发的创作才华，更通过自己的不断催促，悉心等待这朵花盛放的时节。志摩的良苦用心，小曼终究也是没有辜负。

只是志摩对于小曼，也并非一味地褒扬与鼓励，她缺陷的地方，志摩也看得真真，在信中也会毫不客气地提出。比如就有一封是这样写的："既然你专心而且诚意学画，那就非得取法乎上，第一得眼界高而宽。上海地方气魄终究有限。瑞午老兄家的珍品恐怕靠不住的居多。我说了，他也许有气。再说到你学画，你实在应得到北京来才是正理。一个故宫就够你长年揣摹。眼界不高，腕下是不能有神的。凭你的聪明，决不是临摹就算完毕事。就说在上海，你也得想法去多看佳品。手固然要勤，脑子也得常转动，能有趣味发生。"除此之外，还写朋友们都点名要求得到赠笔，可见志摩也是变着法的要小曼勤于作画："老金、丽琳想你送画，他们二十走，即寄尚可及。杨宗翰（字伯屏），也求你画扇。"

志摩带着小曼的得意之作到处请人题跋，自然就有许多人看到了小曼的画作。邓以蛰以诗评价小曼画作："华亭端的是前身，绿带阴浓翠带醮，肯向溪深林密处，岩根分我半檐云。"这里面还有一个小的典故，说的是志摩最初带着这幅画给他观摩时，未及时说出作者是谁，邓以蛰展开画卷，惊讶地发现这幅画的巧妙，忍不住连连称赞，最后才想起问作者究竟何人，志摩当即骄傲地回答说："小曼之作也！"邓以蛰更为惊讶，连连说："我与小曼不见才只不过两年，竟想不到她的画技竟已如此地精湛，令人叹服啊！"让志摩尤为感到舒心。

小曼的坚持终于有所成绩。1931年11月，她给志摩去信说："前数日因近代名人展览约我出画，故连画三张，彼等不问竟将我名列入现代名人之中，彼等作品皆数年苦功得来，我是初出茅庐之人，真令我羞煞矣。又加一月来破月经事，使我每日精神疲乏，提笔即头痛眼酸，故甚少习练，今日才觉人生健康为最要紧之事矣。"提到这件事时，小曼虽表面上感觉自己分量不足，心里却还是免不了要惊喜一番的吧，我猜。

徐志摩去世后，北京城最著名的一道风景便也不复存在了，小曼从此收心居家，将所有的时间与热情都倾注在了绘画上。每当想要懈怠，只要一看到卧室里徐志摩的遗像，她就又振作起来。

可以说，是徐志摩的去世，促成了小曼对绘画艺术的投入与认真。以前有志摩在时，绘画只是小曼消遣的一种方式；可自从志摩离世，绘画变成小曼此生珍重的一份事业。余生的三十多年，小曼用对待志摩的热情去对待了自己的绘画事业。为此，有人这样评价说："陆小曼的前半生依附着别人在生活，依附于自己的父母、王赓、徐志摩、翁瑞午；而她的后半生则开启了一项伟大的绘画事业，实现了真正意义上的人格独立，获得了真正的她想要的自由。"

画笔丹青，小曼却有别样滋味

我在多年的人生经历中，也曾幸运地通过一些事，明白和领悟了些许道理，比如人们常说的"得到有时也意味着失去"，以及古人留下的"塞翁失马，焉知非福"。

小曼失去志摩，失掉了一个心爱的人，却唤醒了沉睡的意志，将自己活成了"艺术界的普罗米修斯"，说来也算一种福分了吧。

她在志摩去世一段时间后重又向贺天健请教画艺，只比先前更加勤奋和努力。或许是为朋友的努力所感染，凌叔华特意为她介绍了陈半丁学习花鸟。小曼心生感激，自然十分用功，坏就坏在她的身体实在娇弱，加上对志摩的思念，也就学学停停。1932年六七月间，小曼给胡适去信说："我自从出疹子以后，天天忙着画，简直可以说忙得连喘气的工夫都没有，因为我在病中感觉到一种痛苦，是不可言语的，在我的思想上因此也变了一种观念，病好了立刻看透一切的一切，忘记了一切的一切，我发誓在短时间要成功一样事业，这两个月内我的成绩不算坏了，上星期几个朋友一起开了一个扇子展览会，一个学画不到一年的我居然也会在许多老前辈里面出品，卖十六元至十元一把，拿去几幅不到一星期都卖完，还有外省来定的，你看，是不是运气？也许是天可怜我，给我一条最后的路走走""我托老邓的事他因何不办，多少钱请你先付，我即刻寄去，请你给我买一点旧纸，好墨，旧颜色，我现在一天到晚心都在画上，故宫的画真想看看去。"

北京是陆小曼的旧居地，西山、万寿山、北海于她来说都很熟悉。志摩生前曾煞费心血地想要她来北京看故宫，后知后觉，待到志摩死后她才开始想着去领略那儿的风光——岂非命运弄人。小曼热爱山水画，最为欣赏的是沈周、倪云林，而她擅长设色山水，画风纯任天然，格调幽雅淡远，晚年则入苍茫之境。两年的潜心学习，加上与一些名家（吴湖帆、钱瘦铁、孙雪泥等人）的交流切磋，使她的画艺有了飞速提升。

1934年，深受新文化运动精神的感召，冯文凤、李秋君等一批名门闺秀在上海自发成立中国女子书画会，小曼积极响应，加入成为该会最初的会员。它是中国历史上第一个由女性发起组织的女性艺术家团体，为的是让部分女性充分发挥出自己的才华。会员由上海延展至江浙一带，乃至在全国掀起非常大的影响，因此在中国现代美术史上具有划时代的意义。只是小曼并不参与这里的日常事务，纯属友情客串，与画会其他成员来往也不甚多。

志摩生前，小曼衣食无忧；志摩死后，虽有徐家人和张幼仪的接济，但毕竟不太宽裕。她的画作，就成了一门讨生活的绝技，售卖的当然是以"清秀脱俗，飘逸潇洒"的山水画为主。1941年6月，上海《申报》就曾刊出一则《陆小曼山水润例》的消息："堂幅每尺四十元，立轴照堂幅例。纨摺扇每握五十元。册页每方尺四十元。手卷及极大极小之件面议。加工重色点景金笺均加倍。墨费一成。润资先惠约期取件。劣纸不应。收件处：本外埠各大笺扇庄及福熙路福熙坊三十五号本寓。"

11月，小曼在上海大新公司大新画廊开办个人画展，展出一百多幅作品，有山水、花鸟等，引得藏家、朋友纷纷捧场，画作也卖出去不少。

1943年，陆小曼为洪洁求画了一幅山水扇画。只见那幅画作之上，重峦叠嶂，林木葱郁，近处一株悦目红枫；再看山间零星的空地上，高低参差地布置了多处怡然的屋舍；沿着扇面下缘逶迤而左，石梁横架，渡过潺潺的流水；远处秋水长天，远山隐现，风帆一叶，气势开阔。除了秀丽风景，更有人物三个，右面山舍中侧坐者一，石桥上迎面拱手而遇者二，其中的一个长者还策着柱杖。诗情画意，令人遐想，小曼对美的塑造能力由此可见一斑。扇面上方偏左则毕恭毕敬地题写着："洁求先生方家正之。癸未夏日，小曼陆眉题于海上。"书迹清远绝尘，秀韵芳情。

　　小曼绘画，对仕女和花卉翎毛也很拿手。其1945年创作的《引凤图》，画笔工细妍逸，画上持箫女子乌发盘髻，层层水墨勾染出其娇俏可爱的形态。那美人柳叶眉，杏仁眼，樱桃小口惹人怜。除却美人的五官，所着的衣物也是色彩分明，可见衣纹细线，领口处一条鲜红飘逸的丝带，仿若仙女天上来。

　　1956年4月，小曼的一幅作品在上海美协举办的一次画展中展出，画风鲜朗飘逸，令陈毅元帅称赞不已。他说这样的人才不该被浪费，随后就安排了福利给她。

　　1956年间，张方晦的父亲为使儿子悉心学画，想要聘请一位好老师。金石篆刻老师陈巨来闻讯，为他介绍了陆小曼。当时小曼居住在静安公园对面的延安新村。张方晦父子前去拜访，并向小曼说明来意。小曼此时已是年过半百的妇人，看人的眼光也愈发亲切柔和。见到张氏父子，小曼坦诚地说道："我没有收过徒弟，没有教画经验，自己也不用功，画得不好。你以后就常来玩玩，谈谈，看看我画画，做个朋友吧。"张氏父子应许。多年以后，张方晦回忆这段经历，评价小曼生性随和、宽厚仁恕。

　　当真的，她教学的方式也果真没有系统的计划和固定的要求，对张方晦的教导是："我从来没有好好用功过。你不要临摹我的东西。取法乎上，仅得乎中；取法乎中，仅得乎下。学我，是学不到本领的。"

1958年，小曼凭借日渐精湛的技艺，以及多年来的声誉，成为中国画院首批专职画师。上海画院收藏了她大部分的佳品。

陆小曼晚期的作品（特别是1960年以后）泼墨自然，手法娴熟，造诣颇深。由她自己的画作整理而成的《唐宋人诗意》，在名家圈里广受好评。孙雪泥评价："腕底烟云笔底山，胸中丘壑意清闲，道生画里无筋骨，天际真人想象间。"贺天健评价："小曼天资超逸，此册实为最精之作，读竟欣然。"

能够取得这样的好成绩，该能想象到，小曼在这背后承受了多深重的孤独。志摩死后，她的一片赤诚无处诉，这才化作笔下精灵，创造出这样丰繁的艺术珍宝。然而她也是有心事的。一次，她巧遇阔别已久的老友王映霞，不无伤感地对她说："出门一个人，进门一个人，真是海一般深的凄凉和孤独。"可怜的陆小曼，生也赤诚，爱也赤诚，一生都在追逐爱，最后却落得形单影只，身边没有父母，没有爱人，也没有孩子。临走到生命尽头，才发现陪伴着自己的，始终只有深不见底的孤独。多少个清冷的夜晚，多少年噬骨的风霜，她与绘画这位老朋友彼此做伴，相互取暖。晚年她离群索居，为自己取名"冷香人"，为画室取名"冷香馆"，孤独清冷，也真是冷香到极致。这不由得使我想起《红楼梦》中"寒塘渡鹤影，冷月葬花魂"的凄凉。

小曼一生爱画，临终前还特意嘱咐堂侄女陆宗麟将自己那幅山水画长卷妥善保管，交与徐志摩的表妹夫陈从周。

小曼一生勤勉，虽遗留画作不多，却深受市场喜爱，代表作品有《武夷疗养院》《太似石溪山居图》《寒林策杖图》《黄山烟云》等。进入21世纪，其书画作品《临黄鹤山樵山水》《柳岸渔归》等频频亮相于各大拍卖会。包铭对此评价说："陆小曼作品留存不多，市场需求却大。很多对书画艺术不甚了解但对徐陆恋情十分感兴趣的好事者，以得陆小曼遗墨为荣。"

其实，要说起那个名媛辈出的民国时代，同样也是人才纷涌。同样是以绘画为名的，还有潘素、潘玉良、萧淑芳等人。潘素自幼酷爱绘画，初从朱德箐习作花卉，20世纪40年代已崭露头角，尤擅长工笔重彩山水画，是我国著名的青绿山水画家；潘玉良则擅长油画，画风以印象派的外光技法为基础，融合自己的感受才情，用笔干脆利落，用色主观大胆，最难得的是，她从不拘泥于一种美术形式，对风景、人物、静物、雕塑等无所不精；而萧淑芳则承继了中山萧氏名门之风，她虽是当代著名的花卉画家，却并不只专攻花卉，举凡风景、静物、肖像等等，无不喜爱，无所不能。

烽火战乱的民国，或许正是有这些民国女艺术家们的存在，才愈发显得可敬可爱。她们为了追求艺术，或留洋求学，或拜师从艺，无不将一个女子最好的时光献给了孤独与寂寞。因此，她们也不负众望地成为民国绘画艺术史上的杰出"标志"，她们在艺术创作上所表现出的坚守品质、出众才华以及留下的名构佳作，都成为"民国美术"最耐人寻味的注脚。

编书答君，替你看好这大千世界

　　懂事之后，我渐渐领悟到一个道理："有些人的成长需要走一些弯路，付出一些代价；有些人则不必。"只是这世上幸运的人当属少数。那些受过命运锤炼的人，或许人生不见得多么一帆风顺，却也能在命运的考验中，锻造出完全不一样的精彩。

　　记得几年前，我的一位表姐，就曾为了到北京生活，放弃了家中为她安排打点好的一切。她自知去到北京将只能依靠一己之力生存，其间也确实曾向我打来求助电话，哭着诉说那里的生活有多苦，每日自己的生活压力又有多大。但她终究没有放弃。几年过去，她终于在那里打拼出一片自己的小天地。现在每次回家，表姐都兴奋地"怂恿"我说："北京真是一块风水宝地，你真要出去闯一闯，我甚至建议所有的年轻人都该出门闯一闯。"

　　是的，回首前尘，表姐或许失去的是几年安逸稳定的生活，但她赢来的，却是自己一辈子无怨无悔的人生。

　　徐志摩去世以后，小曼痛彻心扉许下承诺："我一定做一个你一向希望我所能成为的一种人，我决心做人，我决心做一点认真的事业。"她是这样说的，亦是这样做的——在她余下的几十年里，她都在潜心做两件事情：编撰徐志摩文集与学习绘画。一切就如她写给志摩的挽联。

　　她心里清楚，志摩虽然走了，但她更应该听他的话，做那个他所希望看到的，刻苦努力，有一番作为的陆小曼。新一天的工作是这样开始的：小曼先要在徐志摩像前供上鲜花、水果，然后简单地用过早饭，就去整理夫君的遗作，倘若外面天气晴好，便搬把藤椅依靠着，在露台上晒会儿太阳，或许她也会想下所谓的心事；下午去到画室里作画，身体好的话就画到月上黄昏。

　　为了给志摩守孝，她一年四季都着素服，再也不是那个喜好华服、花枝招展的上海名媛。每到清明，不管天气如何，她都坚持去硖石志摩的坟墓前为他扫墓。1933年清明节，陆小曼扫墓归来写就《癸酉清明回硖石扫墓有感》以表对志摩的思念："断肠人琴感未消，此心久已寄云峤，年来更识荒寒味，写到湖山总寂寞。"

　　志摩走的时候小曼尚且只有二十九岁，虽不是青春年华却也韶华犹在，但她却告别了年轻人所喜好的生活方式，将余生的几十年时间，全部投入到搜集整理徐志摩诗文的工作中，最后整理出版两部夫君的书。正如1932年3月24日上海《晶报》发表的《陆小曼的一封信》所言，小曼的生活状态是："近为志摩编排遗稿，及学习书画等事，朝夕埋头于纸墨之间，足不出户者已有数月，几不知槛外为何世矣。"

1933年，陆小曼整理完徐志摩的《眉轩琐语》，发表在《时代画报》第三卷第六期，后又收录在陆小曼于1947年编写的《志摩日记》中；1934年，小曼整理完毕志摩的《爱眉小札》，初次在《论语》写了序言。《爱眉小札》，还是志摩与她热恋时，倾心完成的作品，一笔一字都证明了他对小曼浓烈的爱意，如今未亡人翻起，再次见证那些裹了蜜的情话，小曼一定很伤心悔恨吧！

1936年，在小曼的努力下，《爱眉小札》经良友图书公司出版发行；1947年，《志摩日记》也交由上海晨光出版公司出版。谈起整理出版徐志摩遗作的事，小曼也表示这是自己"始料未及"的，此番激动又悔恨的心情，可在她自己1957年2月写就的《遗文编就答君心》中看到："我想不到在'百花齐放'的今天，会有一朵已经死了二十余年的'死花'再度复活，从枯萎中又放出它以往的灿烂光辉，让人们重见到那朵一直在怀念中的旧花的风姿。所以我拿起笔来写这篇文章的时候，连我自己都不知自己心中是甚么味儿，又是欢欣，又是愧恨。"

文章里也交代了为何志摩去世二十六年，他的书籍才最终整理出版的缘由："在他遇难后，我一直病倒在床上有一年多。"况且徐志摩的诗集、作品散见于各种报纸杂志，整理起来也需不少时日。

但小曼整理出版徐志摩的作品，也并非每一次都如此顺利——小曼与赵家璧共同整理的《徐志摩全集》，就是因"八·一三"淞沪抗战的打响而未能出版。

因为战乱局势混杂，商务出版社的人员分散到了全国各地，志摩的书稿也几经流散，小曼为此气得又生病。她绝望至极，因为当时并未备份，家里已是什么都没有了，若是徐志摩的原稿就此遗失，那她百年归去岂不是再没颜面去面对他？经过多方打探，她探听到徐志摩的老朋友朱经农做了"商务"的经理，于是就前去找他相商此事。不久，收到对方的回信，说志摩的稿子并没有遗失，小曼这才稍稍放心——三年的疲累奔走，小曼只是获得一个确切的消息，虽然她仍然着急，却也清楚目前的局势，除了耐心等待，再没别的办法。

1954年，"商务"来信告诉小曼志摩的稿子寻到了，但却因不符合时代性暂时无法出版，唯有先将纸型和清样（据赵家璧分析，可能是解放前夕，朱经农任商务经理时付印的）寄回给小曼，请她妥帖收藏，等日后再出版。这一保管，直到小曼临终也未能出版，终成一生的遗憾。

　　小曼除了为志摩的死而难过外，更加惋惜他的才华："今天的诗坛又繁荣起来了，不由我又怀念志摩，他若是看到这种情形，不知道要快活得怎样呢！我相信他如果活到现在，一定能创造一个新的风格来配合时代的需要，他一定又能大量的产生新作品。他的死不能不说是诗坛的大损失，这种遗憾是永远没法弥补的了。"为此，小曼也开始拒绝看任何一首诗歌了。

　　记得《铁齿铜牙纪晓岚》中，乾隆因为错失某位梅姓姑娘的珍爱，发誓再也不吃"相思梅"，想来小曼对志摩，也是此般刻骨铭心吧。

　　后来，小曼也总算想通了，她"爱屋及乌"，重翻诗选，结交诗友，甚至自己也成为一个跨时代的女诗人——算是对志摩遗志的一种继承。

　　临到去世前，小曼住进华东医院，不巧碰到好友刘海粟也住在隔壁。身体好些时，他们就会碰到一起聊聊天，回忆逝去的过往，缅怀先去的故人，也总是感慨万千。去世的前几天，小曼好似感知到自己力有不逮，将不久于人世了，便将后代们叫于床前，要他们好好珍惜徐志摩的遗作，并且再三嘱咐一定要将其出版。

这个傲岸如梅的女子，用她的实际行动，向徐志摩证明了自己对他的爱。

游龙戏凤，与翁瑞午的一段情缘

　　世人诟病小曼，多是因为她结婚又再婚，为了所谓爱情"不守妇道"，又或者是为其在志摩死后，乱性地同翁瑞午同居在一起。

　　我是不知道，倘若每个人都能换位思考，设身处地地为小曼着想，是否会因为她只是一介女流而就此放过对她的重伤？因为在生活面前，没有永远的强者。难道作为一个普通人，你就从未向这个世界低头？

　　况且小曼的身体，也实在需要一个肯珍爱她的人照料。她不是凡俗女子，只要好吃好喝就能安心在家里供养着，给人生儿育女。她是一代才女，对于此等不平凡的女子，"你爱得起她那夺目的光辉，就该能接受她这别致的生存方式。"要知道，徐志摩死后，她才是损失最大的未亡人，而作为补偿也好，回报也罢，她已经改正了太多前事，又想办法让志摩的书稿和诗选得以结集出版，仅凭此，世人也该多些体谅。

记住吧，宽容是做人的一件美德。何况，陆小曼之于我们大家，也从未有过任何交集，更漫说是恩怨是非。

前面说到过，小曼因患有顽疾，结识了擅以推拿治病痛的翁瑞午。在徐志摩生前，翁瑞午为缓解小曼的病痛，引得她抽上了鸦片；在徐志摩死后，翁瑞午变作"枕边人"，用真心陪伴小曼走完了她的下半生。

翁瑞午是翁绥祺的儿子。翁绥祺曾拜在光绪皇帝授业恩师翁同龢门下，后官至广西梧州知府。此人擅长书画诗文，家藏诸多名人真迹。因家境殷实，翁瑞午从小就受到正规的人文教育，后跟随名医丁凤山学习中医推拿，手艺精湛；又师从赵叔儒学书画，随况周仪学习诗文；因会唱京戏昆曲，深得梅兰芳赏识——可见，他也是一位多才多艺的人。

但见此人照片，黑白的色调下一张温和的脸，耳旁架着一副白框眼镜，更显文人气质。其实他本人也倒真是性情温和，待人真诚。

虽说他在事业上的成就不可与徐志摩同日而语，却在性格上略胜其一筹。徐志摩其实并不擅长哄女人，凭的只是恋爱时的一腔热忱。翁瑞午就不同了，他为人风趣，也很懂得花言巧语，又喜欢画画、唱戏，更容易得到美人芳心。有一个细节，徐志摩与陆小曼虽都喜欢看书，志摩看的却是功底深厚的文学书，小曼则更倾心娱乐属性的小人书。志摩是能带小曼去往真谛世界的人，翁瑞午则能与小曼共同在凡间生活里造次，显然，小曼是更倾向后者的。她的任性造就了与翁瑞午的一段情缘。

她也有难言的苦衷。徐志摩去世，家庭丧失经济来源，她还要拖着表妹一家三口过生活。为了维持生计，许多时候都靠翁瑞午的工资或卖画卖古董。"经济上不能独立，人格上也就不能独立。"现在各种媒体上漫天的"鸡汤"，不都在教女孩子这么个道理吗？

小曼说过自己和翁瑞午之间此前绝无情感瓜葛，只是因为身体顽疾在多少名医手下都不见起效，却在他这里得到了缓解，才跟他走得很近。后来因伤心志摩离世，连累身体更差，这是小曼离不开他的一个根源。陆小曼是一代名媛，志摩去世她也只有二十九岁，年华也尚好，当时有很多人劝她改嫁，她一概拒绝，只因心中还深深爱着志摩——倘若只是因为不想受清贫之苦，大有地方有人家供她解脱。

只有一个翁瑞午，不像一些人看到"求缘无果"，急急掉转方向，来也匆匆，去也匆匆。在那些黑暗的岁月里，是他频繁来家中替小曼按摩，缓解病痛；一面又苦口婆心，劝慰她要好自珍重。就这样，一来二往，小曼也就委身了。

当下有句说给"剩女"听的流行语："遇到个好人你就嫁了吧！"我不禁想问，一个男人是要怎样的好，才能令一个女人心甘情愿地委身于他？！像翁瑞午这样的人，聪慧又肯放心思在她身上，小曼怎能不动心呢？

但两人在一起，也是有条件的。小曼向他约法三章："不许你抛弃发妻，我们不正式结婚。"她说自己对翁瑞午并无爱情，只有感情。许多朋友不赞成她的行为，要求她与之断交。胡适就曾信誓旦旦地说，若能与翁瑞午断绝关系，小曼今后一切的吃穿用度他来负责。小曼始终是拒绝的。

两个人在一起，最开始也只是同楼而处，并未僭越。翁瑞午第一次睡住在小曼家，是因为某天帮她按摩到凌晨之后，发现汽车坏了（究竟是真坏还是别有用心，就请读者适度斟酌），他连忙向小曼说明情由，小曼没在意，就请他在陆家二楼烟榻上将就一晚，自此后就常常如此。小曼睡觉的地方则在三楼，所以并不在乎外人胡言乱语些什么。

原本小曼是靠徐家接济过日子的，但此事不知怎么传到了徐申如的耳朵里，他原本就不喜欢这个儿媳妇，这样一来就白纸黑字地切断了与她的关系，那最后一日如数送来的三百元还夹带了一封短信，上写："如翁君已与你同居，下月停止了。"后来才知道，徐申如花钱买通了弄口看门的，监视着小曼的一举一动。

　　翁瑞午在听闻这件事后勃然大怒，干脆"一不做二不休"，搬上三楼另设一榻而睡，对小曼说从此以后别愁生活，他会负责。

　　自1938年伊始，陆小曼与翁瑞午一起生活了三十多年，有了一些感情，但也有烦恼。翁瑞午有结发妻需要照料，又答应小曼的要求不能抛弃，所以就要两头跑。这使小曼也觉得自己的生活没名没分，不伦不类，可是事到如今，她已经很难再摆脱——且不说已经习惯了翁瑞午陪伴的日子，单是因他而染上的鸦片瘾就没法根除。

　　她只是一个身体贫弱的女子，面对铁一般的事实，又能做些什么。但想到志摩，她对此也表示是没有愧疚的。她知道徐志摩很爱她，如果活着，一定不忍心看到她的生活如此清贫困苦，就想也许他是能够了解的，并且她相信志摩也清楚，她对翁瑞午是迫于现实无奈才做出的选择，她心里最爱的那个，永远都是她的摩。

　　除此以外，翁瑞午还是小曼的经纪人。后期她常年潜心作画，为了生计也要卖一些出去，可是她身娇体弱，跑起交易来毕竟困难，也多亏了翁瑞午，在绘画的圈子里有些人脉，总是能适时地将小曼的画作，卖个差不多的价钱。

　　细想小曼与翁瑞午之间的感情，或许也正因为没有爱情，所以相处起来，也平静柔和得多。小曼会跟徐志摩激烈地争吵，生气了拿烟枪砸他的头，可是对翁瑞午永远不会这样——人说"爱之深，责之切"，小曼与志摩之间，是恨铁不成钢，是爱也深刻，恨也深刻，所以日子容易过得惊心动魄。但她与翁瑞午之间，是平淡得几乎没有夫妻间应有的争吵，岁月也就变得柔和。为什么人们总说"相爱容易相处难"，又或者"相爱的人不一定适合在一起生活"，一切只是因为，太过浓烈的爱情，轰轰烈烈后，就是互相撕扯，转瞬成空。

他们之间没有婚姻的约束，所以不会要求对方太多，也就拥有相对的自由。爱情是需要呼吸的，勒得太紧，难保不会使人崩溃。

三十年如一日，翁瑞午能日日安心照料小曼，可见亦是动了真情的。他没有徐志摩那么多的"花边新闻"，也不会给自己在心底留一个所谓的"国民女神"，更不会为了得到一个人，就去无端地伤害另外一位无辜的女性。他也不像胡适那么惧内，喜欢一个人却因此畏首畏尾，犹豫不决。所以，小曼对翁瑞午，除了感情，我想还有几分敬重。

我还记得教导女生参考男生究竟有无真心的一条考验，是要看这个男人舍得为女人花多少钱。翁瑞午家境是优渥的，并且舍得为小曼花销，出去游玩，生活用品，看病抓药，一切都由他负担，起码他是一个说到做到，为了自己女人不心疼钱的男人——怎么，这样的男子，不该受人尊敬吗？他在生活上也是事无巨细地照顾小曼，怕她肠胃不好就特意买来蜂蜜，当时的蜂蜜很贵，就是上流社会也只是偶尔买来尝个新鲜，翁瑞午却一次购买很多，并且喂食流程复杂，要帮她将蜂蜜注入针筒吸食。因小曼有喜吃人奶的癖好，他甚至还专门花钱雇个奶妈回来。他与小曼是真正相同的一类人，有着共同的爱好、人生观，共同的生活方式，所以能彼此理解，相处融洽。

以上种种皆可在陆小曼外甥庄簌写的《陆小曼与她的挚友》一文中找到答案，他与翁瑞午是有过实际接触的。

若说早年小曼娇艳如花，翁瑞午只是贪恋她的美色也就罢了，可这一陪伴就是三十余载。小曼去世前早已人老珠黄，又因长期吸食鸦片导致面黄肌瘦，毫无姿色可言，翁瑞午还是陪在了她的身边。这，不是一种真情吗？

他的苦心也终于赢得了女神的眷顾，这种血浓于水的亲情，想必早已在小曼心中得到认可。在1959年的档案表格上，小曼郑重其事地在家庭成员一栏写上了翁瑞午的名字，从而表明了他们的关系。

上世纪60年代初，翁瑞午病重。他在弥留之际，仍不忘托人照顾小曼。那天晚上，作家赵家璧和赵清阁应邀来到他的床榻前，翁瑞午向他们说出最后的遗言："我要走了，今后拜托两位多多关照小曼，我在九泉之下也会感激不尽的。"

两位好友赶忙答应，请他宽心。一旁的陆小曼早已感激涕零，语无伦次，直叫他不要乱想，好好养病。

不久，翁瑞午去世，陆小曼失去依靠，却并没有因此而沉沦，反而重新振作起来，潜心作画，成为一代山水画大师。

文坛小女，在涅槃里重获新生

人生就是一场与命运的较量。

作为一个热衷于成为作家的人，我一直对文坛充满了好奇。随着时日的流逝增长，也渐渐摸清了该是何种人，才能有幸跻身在列。人生固然需要许多的快乐，可归根结底，痛苦才是最为珍贵的。只有它可以让人成长。

小曼以北京名媛的身份冠绝人间，却只有太少的人知道甚至去了解她的才华、她的文学创作。刘海粟说她："古文基础很好，写旧诗的绝句，清新俏丽，颇有明清诗的特色；写文章，蕴藉婉约，很美，又无雕琢之气。"也算是走近她的生活一窥其真容的人了。

事实上，小曼很钟爱阅读英法原文版的小说，所写的新体小说也很诙谐幽默，不似她的人，总是瘦瘦弱弱、病快快的。徐志摩去世以后，绘画与写作是她打发寂寥的最好利器，从中再获新生。

1947年夏天，她接受著名女编辑家赵清阁的约稿，创作一篇约两万字的小说《皇家饭店》（原名《女儿劫》）。稿子写好那天，赵清阁阅毕忍不住连连称赞："描写细腻，技巧新颖，读之令人恍入其境，且富有戏剧意味。"

小说的故事发生于上海沦陷时，女主人公婉贞———一个小职员的妻子，为了筹钱给儿子求医看病，不得不违心去皇家饭店工作。从上班的第一天起，她就用一双纯洁的眼睛，看到并记录下多少出入饭店的太太、小姐们奢靡背后的污垢丑陋。虽然不得不委身在此，等机会问经理借到钱生活才有希望，但最终她还是不顾一切地昂首走出皇家饭店。小曼为作品取这个名字也很有讲究，所谓"皇家饭店"听上去怎么都该是宏伟壮丽，奢华高贵的，可这里似乎又藏匿着全世界最为肮脏的人类……陆小曼用她曾经熟识的过往，为人们描绘出一个沦陷时期的旧日上海，也让更多的人知道繁花似锦的十里洋场背后真正的模样。可惜大部分人只看重她的"花边新闻"，很少花心思来了解这位名媛内心所不为人知的一面。

回想徐志摩刚刚坠机那时，小曼整日被责骂，被诽谤，被唾弃，一时之间门可罗雀、闭门谢客，是赵清阁用一颗赤诚的心，重又把她拉回了光明中。

小曼决心为志摩之死"埋单"，脱胎换骨，做一个他理想中的女人。接受赵清阁的邀请，是她致力做出改变的第一步。当时时值七月，因天气酷热难耐，创作几度中断。小曼拖着病怏怏的身体，对小说的书写时断时续。自知对编辑规定的日期无力交差，于是写信"负荆请罪"："今夏酷热，甚于往年，常人都汗出如浆，我反关窗闭户，僵卧床中，气喘身热，汗如雨下，日夜无停时，真是苦不堪言。本拟南京归来即将余稿写完奉上，不想忽发喘病，每日只能坐卧，无力握笔，不知再等两星期可否？我不敢道歉，我愿受责。"

可是赵清阁丝毫不肯妥协。她要小曼一定按原定日期交稿，你会觉得此人不通情理吗？小曼却懂得她的一片真心。赵清阁知道此刻才是小曼的无间地狱，若是让小曼停下来，小曼拖沓着病体只会更加思念徐志摩的远去，她要逼小曼在濒临绝境之际使出她的文笔才气，这样小曼才能顺利地渡过难关，勇敢地活下去。果然，功夫不负有心人，小曼终写成了她的第一篇小说，也是她的最后一篇。

《皇家饭店》为小曼点燃重生的希冀，在赵清阁和另一位友人赵家璧的合力规劝下，小曼靠毅力戒掉了烟片——要知道，这种东西有多难戒！更见小曼的决心。

这篇小说由晨光图书公司编入《无题集——现代中国女作家小说专集》，于1947年10月出版发行。

或许完成《皇家饭店》对小曼来说，也是一件值得骄傲的事。她在作品的前面这样介绍自己："名眉，江苏人。卒业北京法国圣心学堂。中西文学均有优厚根基，尤以多年研究中国绘画造诣颇深。早年对戏剧甚感兴趣，曾与徐志摩先生合作剧本《卞昆冈》（新月）。亦写散文、小说，如《爱眉小札》（良友）等，文字流利、绮丽、才情潇洒、卓然，唯身体多病，近十年来未尝执笔，仅于绘画孜孜不辍，成就至巨。近为本集撰成短篇小说《皇家饭店》……"

小曼的"珍宝"还有很多。1957年4月，北京人民文学出版社请卞之琳编《志摩诗选》，特去信通知当时住在上海的小曼，要她提供诗人的照片和手迹。小曼喜出望外，当即提供了所需物件，并写了一篇文章，但《志摩诗选》最终未能及时出版，小曼特意写的文章也就此被压在了箱底。虽是搭徐志摩诗选出版的顺风车，但小曼的文章交代了他们在海宁硖石的生活情景，值得我们珍视。

此外，陆小曼还与王亦令合作改编了通俗故事《河伯娶妇》，由上海文化出版社于1957年1月出版。

在诗歌方面，陆小曼也有不俗的成绩。王映霞曾夸赞她"才华横溢，绝顶聪明，能背出唐代诗人李白、杜甫、白居易的许多古诗"。自古文画诗不分家，我们从她后期的一些山水画中，也能察觉到她的诗歌底蕴。特别是与一代诗人徐志摩相互陪伴生活的五年光景，耳濡目染，一定也跟他学了不少作诗的技巧。后期小曼还曾向汪星伯拜师，同他学习作诗，只可惜留存在世的作品不多。

她也有写一些现代诗，散见于杂志。如发表于1939年

10月《南风》杂志第一卷第六期上的《秋叶》，堪称她的
代表作：

　　　一声声的狂吼从东北里

　　　带来了一阵残酷的秋风，

　　　狮虎似的扫荡得

　　　枝头上半枯残枝

　　　飘落在蔓草上乱打转儿，

　　　浪花似的卷着往前直跑

　　　你看——它们好像已经有了目标！

　　　它们穿过了鲜红的枫林：

　　　看枫叶躲在枝头飘摇，

　　　好像夸耀它们的消遥？

　　　可是不，你看我偏不眼热！

　　　那暂时栖身，片刻的停留；

　　　但等西北风到，它们

　　　不是跟我一样的遭殃，

　　　同样的飘荡？不，不，

　　　我还是去寻我的方向。

　　　它们穿过了乱草与枯枝，

凌乱的砾石也挡不了道儿；

碧水似的秋月放出了

灿烂的光辉，像一盏

琉璃的明灯照着它们，

去寻——寻它们的目标。

那一流绿沉沉的清溪，

在那边等着它们去洗涤

满身粘染着的污泥；

再送到那浪涛的大海里，

永远享受那光明的清辉。

初读这首诗，我脑海里涌现的却是诗人徐志摩的那首《我不知道风是在哪一个方向吹》。这首诗的上阕写的是小曼因徐志摩去世，内心深受打击，不明了人生的方向该要去哪里；下阕写的是在痛苦与挣扎中，小曼终于明了前路，对未来也开始建立信心。"我还是去寻我的方向""那一流绿沉沉的清溪，在那边等着它们去洗涤，满身粘染着的污泥"等词句表示小曼欲要从病痛与伤感中站起来的决心，她要为自己也替志摩活下去，做些真正有意义的事。

如果细细分析，小曼这首诗明显靠近徐志摩诗歌的风格。过去，小曼擅长写古体诗，如今在志摩的影响下，现代诗也能写得如此浓丽和哀怨——一个旧的诗人死去了，又诞生出一个新的充满希望的诗人。

小曼也说过，自己并非勤奋之人，所留的文字，大多与徐志摩有关，一为忏悔，二为纪念。

或许正是因为如此，加之比较重要的作品都是与其他人合作而成，很多学者下结论说她的文学成就无法与林徽因、凌叔华相比肩。我要为小曼说句公道话了，她通过自己多年的努力，坐实京城一代名媛之称；诗歌不多却继承了徐志摩"浓丽哀怨"的遗风；更重要的是如实地记录下与一代诗人恋爱、婚姻生活的片段，增加了文章的历史性和资料性，为后人研究徐志摩的生存状态和文学成就提供了最可靠贴近的素材。

文坛小女，在伤痕中重获新生。

第五章

红尘掠过，论
陆小曼的交际

人不真诚，思忖就多；思忖越多，疑心越
重，渐渐地，人际关系也就只好走向崩塌或
灭亡。

赤子之心，论小曼的真诚

　　因缘际会，我不知怎么看上了佛家的书。出世入世，要先做事先做人。那么，在做人的诸多因素中，何谓第一位？窃以为乃是真诚。

　　人不真诚，思忖就多；思忖越多，疑心越重，渐渐地，人际关系也就只好走向崩塌或灭亡。

　　徐志摩是为赶上林徽因的演讲才错做打算，失命于飞机。世俗却因为小曼是他的妻子，就要她无端背负了太多不实的骂名。那些素日里恨不能追她到天边的人，也不真心称赞了，反而多了解她似的，站在一旁尽情辱骂。她也不辩解，默默地关上门，从此洗心革面，素衣玄服，不再出入社交场所，日渐淡出交际圈——却原来，没有什么"江山易改，禀性难移"，痛到深处，自然也就放手。

　　唯有小曼的母亲看不过眼，处处与人言说，是徐志摩害了她的女儿。小曼原本有一桩天作之合的婚姻，却因为他的介入，彻底改变了人生轨迹，以至受人非议，如今更落到贫困交加的境地。徐志摩空难离世，他的朋友们纷纷将矛头对准陆小曼，什么样难听的话都能说出来。小曼深知作为母亲，到底有不得不疼自己女儿的道理。但"杯水车薪"，肯理解她的人是那么少。

就在这混乱之中，她也不争，她也不辩，只是沉心静气做出改变。天地良心，真相会迟到却永远不会缺席，还有三两个愿意证明小曼的清白。林徽因的弟弟林宣就曾这样评价徐志摩："他到香山跟我姐叙旧，舒舒心气。他还说了很多陆小曼的不是。陆小曼也有优点嘛，他都不提。"凌叔华同样在致友人的信中替小曼辩解过："徐志摩临出门是曾与小曼有过争吵，但他匆匆赶往北京，以至于临时换乘飞机，只为听林徽因的演讲。所以，他坠机殒命，也只是为要去捧旧情人的场——怎么到了报章上，全成了小曼的不是？"

民间俗语常说"强龙压不过地头蛇""落架的凤凰不如鸡"。小曼如今临难了，生活也没了经济来源，许多人非但不肯伸手相助，还要在她的身上泼冷水！徐志摩与陆小曼，是相爱容易相处难，原本就是性格与兴趣爱好截然不同的两个人，在生活中磕磕碰碰也是难免，却为何得不到更多人的理解？

那个时代，文人的一句话可将某人捧上天，也可叫其瞬间摔个碎骨粉身。小曼是落了势的名媛，就这样生生遭人欺辱，相干的，不相干的。就连那本尽人皆知的小说《太太的客厅》，谁都知道写出来是为讽刺林徽因，末了作者也因承受不住多方的猜测，生怕一不小心得罪了气势汹涌、人缘颇众的林，偷梁换柱地说是为讽刺陆的。偏偏越是如此，小曼越懒得计较。她只想活出真实的自己。

翁瑞午死后，小曼彻底戒掉抽鸦片的恶习，精修画技，不再依靠任何一人。我常能想象的画面是：在上海的深秋里，一个着素服的女子深居简出，不问世事，每日清清爽爽地与庭前的一座院子作伴，当阳光倾斜照入她的画室，画布前她正在一笔一画地勾勒出心中的山水。

杨绛女士曾说："我和谁都不争，和谁争我都不屑。"民国的女子里，除却杨绛使我尊敬，小曼一身的素净，也让人感叹。

小曼面对生活也真诚。徐志摩死后，王赓曾托人带话给陆小曼，愿意继续照顾她，但她没有接受。虽然当年她为了要跟徐志摩在一起，令王赓成为他们相爱的牺牲品。但王赓记着的，还是她的好，足见她作为女人的魅力了。其实爱情这件事原本就没有对错之分，韩寒曾说："小孩子才论对错，大人只讲利弊。"小曼就是个孩子！她离开王赓只是因为爱上了徐志摩，却没顾忌到王家如此优越的家庭条件，更没惦记着王赓那份较有前途的职业，她为了爱情，是可以不计后果的。

就算到了现在，她的生活变得困苦，也没有故意放大自己的悲伤，想着依靠王赓的力量，重新过上滋润的阔太生活。她选择的路，她就一条道走到底，哪怕尽头是深渊。

解放后，翁瑞午贫困潦倒，要靠小曼苦心作画卖画，两人的基本生活才得以维持。很多人担心小曼会被其连累，纷纷劝她离开翁瑞午，这其中就有她最好的闺蜜赵清阁。但小曼坚决不肯，还是同翁瑞午保持着原来的样子。小曼是一个讲义气的人，她当赵清阁是朋友，翁瑞午自然也是朋友，她不会在朋友有难的时候就抛弃朋友，更何况翁瑞午先前对她有恩，她不能忘恩负义。

小曼面对创作也真诚。看她的山水画，只有壁立千仞的山高峡谷，衬着寥寥几棵树，放眼望去，一片苍茫，像人的心境，迷蒙着。山也都是些远山，石头淡淡地突出几块，若隐若现，看不真切，像与人世隔着一层，色调又冷又寒，拒人于千里之外。唯独树离人近，可以伸手触摸。好友赵清阁曾说："自从徐诗人死后，小曼便再没穿过一次红旗袍。"在她的生活里，就已经充满了那么多的冷色调。

小曼晚年还在跟好友赵清阁唠叨："志摩要是不坐那架小飞机就好了……"一切也正如她先前说的，她对翁瑞午只有感情，没有爱情。是因为有感情，所以才在翁瑞午不断示好的过程中，逐渐接受和容纳他走进自己的生命。要我说翁瑞午虽比不得徐志摩的艺术成就，却也是个性情直率的男子——否则当年那么多追求小曼的人，为何独独他支撑到了最后？小曼与翁瑞午，这两个不相爱的人，却携手平静地走完了人生的最后一程，这是送给爱情的讽刺，抑或惊喜？是啊，相爱的人往往不能够白首，看来娶妻嫁人还应当要找脾气相投的人哪。

　　小曼去世，朋友王亦令为她写了一副挽联："推心唯赤诚，人世常留遗惠在；出笔多高致，一生半累烟云中！"这是位真正看懂小曼的人，一语道出了小曼的"赤诚"与"高致"。而我只能说："这个世界上俞伯牙与钟子期毕竟还是太少了。能唱得出好声音的人，也得有能听懂他的人才行啊！"

　　对于小曼来说，一生能有这么一位相知的朋友，应该也不会感到遗憾了吧。

2. 花开两朵，林徽因与陆小曼

从一个粉嫩的婴儿，逐渐长成一个端庄秀丽的女子，她或许从未想过，有一天，自己要被拿来与同时代的某位女性相比较，并且一比较就是一生一世，生生世世。

如果你我皆可有那么大的名气，我想我们心里自然是不愿意的。且不说两个才貌相当的人，最终一定要决出个雌雄，输了的那位自然一脸不高兴，可赢了的就很光彩吗？

民国时代就有这样两位女子，她们因跟同一位诗人有过瓜葛，而被频频进行比较。徐志摩好似她们命中的流星，一个用自己的青涩年华弄懂了未来；一个献上她的风流时光燃烧爱情。她们就是林徽因和陆小曼。这三人的戏码一上场，就掀开了一段旷世奇缘，而两位女主角则是"花开两朵，各表一枝"。

同为那个时期的知识女性，陆小曼与林徽因有着一些相似的成长背景。林徽因出身书香门第，父亲林长民是民国初年闻名士林的书生逸士，后弃科举在家苦学英文、日文，掌握了大量的西方知识，并于1902年赴日留学，就读于早稻田大学预科及大学部政经科。

　　林长民是烈士林觉民的哥哥，或许是秉承了一家人豪迈奔放的个性，他在日本热心社会公益，积极为人排忧解难；为人也很善辞令，能与人侃侃而谈而不自乱，是个有想法、有胆识、有魄力的上进青年。有如此优秀的父亲作为榜样，林徽因自小就对西洋文化有很大的兴趣，十几岁就跟随父亲留学去到国外。她本人也很爱研读经典，能诗会文，一首《人间四月天》更惊喜了整个文坛！更难得的是，她的长相犹如清水出芙蓉，不着一墨而清丽怡人，简直就是张爱玲笔下的那朵"白玫瑰"；陆小曼，名噪京城的一道美丽风景线，她擅长绘画、戏剧，写得一手好文章，是张爱玲笔下的那朵艳丽的"红玫瑰"。

　　我相信在才艺上，她们是彼此不分伯仲的。林徽因后期专注于建筑事业，设计了不少令国民为之骄傲的标志建筑；陆小曼后期专注山水画作，也练就了一手丹青妙笔。只是同样是女子，她们对人生的追求与对事业、爱情的看法截然不同，才令她们有了完全不同的人生。有时候我也会想，分辨一个女人的眼光，是不是只要看看她曾爱过的男人就能知晓。

　　她们都是真心爱过徐志摩的，诗人的热忱，搅动了康桥的湖水，也令名媛不惜背负骂名，离婚再嫁。只是，一个爱得理智，一个爱得投入。一个在爱情面前计算将来，一个却可以为了它赌上余生。

徐志摩遇到这两位精妙绝伦的女子，追求的套路也不相同。对林徽因，他敬她的才华，爱她的美貌，将她看成自己的女神，送她的是一首唯美伤感的《偶然》："我是天空里的一片云，偶尔投影在你的波心。"如此婉约唯美，好似匆匆而逝的青春；对陆小曼，他爱她的妩媚，心疼她的娇柔，将她看成今生最后的伴侣，对她亦有"势在必得"的决心，送她的是万字千言的《爱眉小札》，他对陆小曼的爱，更多的并非了解，而是一种迫切。

像人间大部分的俗人，大家都爱林徽因的纯真、理智与温柔，却看不起陆小曼的真诚、热情与隐忍。林徽因从与徐志摩的爱情里抽身而退，做了逃兵却被处处褒扬，成为梁启超心目中的好儿媳；陆小曼为爱情奋不顾身，做了勇士却被处处贬低，成为梁启超所不齿的坏徒媳。人们只看到林徽因的美，却无视陆小曼的真。

林徽因少女时代与徐志摩感情上的"悬崖勒马"，使她后来过上了非常平稳、幸福的婚姻生活。尽管在当时的战乱年代，迫于战争的压力四处躲避，但她却仍与梁思成鼓得一手好琴瑟，鸾凤和鸣到白头；陆小曼就不同了，婚后五年就失去了徐志摩，依靠鸦片混沌度日，终于在大彻大悟后凤凰涅槃，将生命绽放出全新的光辉。我钦佩林徽因能够一直平平坦坦地过活，受人尊敬，但更敬重小曼能够苦尽甘来浴火重生。我知道不是每个人都能顺遂如林徽因（当然我并不否定她的智慧，以及玩转各种人际关系的超高能力），当你的生命受到如小曼这般严重的创伤，是否也能如她一般，重新站起来？

林徽因不擅舞蹈，平生也不光顾舞厅，但她在"太太客厅"却别有一番交际风采；陆小曼则是社交场合的明星，但她在处理人际关系上，却唯有一字"真"诀。可是谁不知道想要把人做好，除了有诚心，更要懂些世故圆滑。林徽因是世故的，有手段的，她让男人围着自己转，永远选择能给自己带来最大利益的那个；陆小曼则是赤诚的，她只有一片真心，只跟随心里的声音走，爱上一个人，便注定飞蛾扑火。

若提起两人给第三方带来的感受，我宁愿支持张幼仪的看法，她更喜欢真性情的陆小曼，而非林徽因。说起来，陆小曼对林徽因是有恨的，自己最爱的男人曾被她征服，以至于发生空难也是为了赶去看她的演讲。

林徽因自然对陆小曼是无言的，她早已与小曼所在乎的人不相干。只是任她交际再广，关起门来也还是有小曼这一处交际"黑洞"。

两个女人的光鲜靓丽，均离不开男人的支撑与维系。不同的是，陆小曼要的是爱与呵护，而林徽因要的则是男人的目光和喝彩。陆小曼胜在天性，林徽因则更懂得经营。

　　或许，从一开始她们就注定会走两条截然不同的路。小曼是家中独苗，自小被双亲捧在手心，受万千宠爱；林徽因则是由妾所生，母亲没有地位，因此命里自带争斗，且看她的一生也是奔着光明去的。

　　两个美人，各有自己的特色。林徽因是空谷幽兰型的，高雅清逸；陆小曼则是颠倒众生型的，风情万种。林美在幽，曼美在艳。

　　林徽因骨子里透着一股男人似的英气，陆小曼则透着一股女儿家的慵懒。林徽因的英气是一种硬，陆小曼的慵懒是一种软。一个男人极容易喜欢上林徽因，但却不会爱太深，梁思成在她死后不久即娶林洙；一个男人极不容易喜欢上陆小曼，一旦喜欢就会爱之深，王赓即便为其所伤仍愿付出心疼，翁瑞午倾家荡产用真心换她一生，徐志摩虽不幸罹难，却也在爱着的时候，决心今生一定要得到她的心。

　　林徽因很聪明，但她的文学造诣并不如陆小曼高深精进。她很清，却无韵。

　　两人一生没有交集，彼此离得最近的一次，是分别得到徐志摩去世的噩耗，派人前往事故地点，拿取他的遗物。上海的陆小曼，派了翁瑞午代她前去料理后事，而北京的林徽因，则命梁思成去了山东。最后，翁瑞午带回一卷小曼亲手创作的画卷，林徽因得到一块飞机的残骸。我只是不知这两个男人会作何感情，自己爱着的女人却要自己前来面对她们都喜欢的一个男人。也是讽刺。

我曾问过朋友："一个人是终生平淡稳定地度过为妥，还是前半生轰轰烈烈荡气回肠，后半生改邪归正脱胎换骨的好？"朋友毫不犹豫地选择了后者。是吧，平淡的人生或许没有伤痛，却也不够瑰丽；起伏的人生虽伴随伤痛，却足够英勇。只是世人总是偏心的，习惯赞誉那些中规中矩、具备传统美德的女子，却对那些离经叛道，想要活出自己的女子给予潮水一般的嘲讽与打击。"谁出位，谁有特色，人们就去打死谁。"所以，林徽因的一生是大家闺秀的左派，陆小曼的一生却成了水性杨花的表征。

我真替小曼感到寒心！

林徽因在张幼仪看来是"赶不走的小三"，也是小曼眼中"万恶的前女友"。小曼虽然从小生活在云端，承接无数掌声，却在听说了林徽因后，开始表现出一种名叫自卑的心情，她曾在日记中写道："歆海讲得菲（林徽因）真有趣，他亦同他（指徐志摩）一般的痴，她果真有这样好么？一个女人能叫人在同时敬爱，那真是难极了。"甚至还曾自惭形秽地认为自己是个乡下孩子。

有这样一个劲敌在前，小曼的心情自然复杂许多，她对林徽因的感觉，除了前面说的羡慕，有时还恼恨于林对于徐志摩的拒绝："可惜这样一个纯白真实的爱，叫她生生的壁了回来，看得好不生气……他还说他不敢侵犯她，她是个神女，我简直不用谈这件事吧，我说起就发抖。"

看她们吸引的男人，徐志摩、张歆海，活脱脱都是良人。

林徽因曾对胡适说："我人是旧的，活不出什么新花样。"可见她的思想、做派是早前就形成的。而陆小曼则说："我一生无求其他，只求一个心爱之人。"

陆小曼虽由于前半生的骄纵任性，让后半生经历一场生活的苦难，但她的一生肆意纵情，是林徽因远不能及的。

闺中密友，面冷心热赵清阁

少不更事，十五岁在随身CD里，我第一次听到无印良品演唱的《朋友》："谁能够划船不用桨，谁能够扬帆没有方向。"马上就有另一个声音温暖回应："我可以划船不用桨，我可以扬帆没有方向。"那时候不懂所谓朋友的意义。直到多年后的今天，听过太多流行歌曲，很多都忘记了具体旋律，这首《朋友》却在脑海里日渐清晰。还有那首他们合唱的《想见你》。只是后来，无印良品不再是一个组合，两个人恢复了各自的名，走向单飞。但我仍很开心，他们曾出现在我唯一拥有的十五岁青春里，用温柔的声线为我定义"朋友"的概念。

那些个想家却回不去的日子，那些少年不识愁滋味，却沿街试图寻找一些生活的岁月，都因为他们的歌，开始变得有了颜色。

朋友，贴心的那一种，能在遇到困难的那刻挺身而出的朋友，能在你身陷囹圄看不到光明，主动上前拉一把的人。我是在多年以后，才懂得谁够资格得到"朋友"这样的称谓。

陆小曼的前半生如众星捧月，后半生却凄冷孤绝。遇见徐志摩，一个瘦弱的女子忽而变成一位英勇的将军，戎马一生；又在徐志摩坠机而亡后，身心受创，闭门谢客与世隔绝。"有多爱一个人，就会在失去他时承受多大的痛苦。"一些人在身边时，尤其这人还那么懂得包容，我们是极易忽略他的感受，认为不管自己怎样，他都会留在身边。却忘记了对方也只是个平凡普通的男人，需要一个女人真实的温存。

小曼因为是徐志摩的夫人，最后几年时光两人又因性格原因相处不太融洽，于是，自然而然被迫为志摩的死亡背上全责，成为万人指摘的对象。她的心因思念志摩而痛苦，还要无端承受社会各界对自己的指责，整个人陷入了暗黑世界。此时，幸得一位同样擅长诗书绘画的书香闺秀，在那段特殊的岁月为她带去了一抹珍贵的光芒。她的名字，叫作赵清阁。

辛晓琪唱《女人何苦为难女人》，这两个女人非但没有彼此为难，反而互相帮助与关照，使小曼顺利挨过了那段艰辛岁月。这段"红颜相助"的故事开始于1945年11月的某个清晨，日后赵清阁曾在文章里回忆说："那是一个最好的日子，冷，却出了太阳；冷，澄清了我忙乱的心情，太阳引我出去走走的兴趣，于是决定去访被人遗忘的陆小曼。"

听起来像是"无中生有"，一件非必须做的事情。可怜小曼此时的境地，已是"被人遗忘"——人生的道路上啊，锦上添花的事情很多，雪中送炭的事情太少。

对于赵清阁来说，或许这只是她偶然的一个决定。小曼曾是人人争抢的北京名景，如今沦为时代的背影，渐渐被人遗忘；但对于陆小曼来说，正是这样一个偶然，她的生命，从此照进了光明。若是有缘，人生何处不相逢，佛说："一念起，一念灭。"我想，这起起灭灭之间，也有很多因缘际会。

我们这一生，注定会遇到很多人，有些是善缘，有些是孽缘。既然善缘孽缘都躲不过，不如在相遇时，一样用心去对待。

那一年，陆小曼已经离群索居多年。我很感恩时光的馈赠，无论一个人是大富大贵，还是人生跌入谷底，时光都是唯一公平的使者，它不会在你拥有欢乐的时候放慢脚步，也不会在你受难之时踌躇不前。我见过很多形容自己有多悲伤倒霉的人，无论当时他们把自己说得有多凄惨，我都知道，再过些时日，他们又会重新变回那个快乐的自己。时光的力量是无形的。徐志摩去世以后，小曼把自己关在一个人的世界里，随着时光不紧不慢地走着，这一年，终于来到了她43岁的光景。赵清阁虽也爱好文学创作，但到底比小曼年轻了十来岁。她来拜访陆小曼的目的，起初只是带着一份私心——当时，她正遭到情感重创。两年前，她从一桩宿命般的爱情中逃离，可时光并未消解她的愁苦。冰心听说她的经历，劝导她从《红楼梦》中找寻精神寄托——说到这里，我倒颇有些好奇，以前写张爱玲，发现她也非常中意研究此书，而后是小曼、三毛、萧红都很喜欢，如今又多出一位赵清阁，可见《红楼梦》真是一众文艺才女的"枕边书"，说它是诸位的精神领袖也是不为过。特别是张爱玲，她在《红楼梦魇》中写自己的"人生三恨"：一恨海棠无香；二恨鲫鱼有刺；三恨《红楼梦》未完。可见她对《红楼梦》的喜欢，已经到了"爱之深，恨之切"的地步。

那天下午，两个女子竟一见如故。如今的小曼早已淡出交际圈多年，大概内心也不再对交际起波澜。但我猜想，两位日后能够感情笃深，必定有《红楼梦》的一份功劳。想着两个女子，虽年岁相隔数十年，却在某天下午，就着冬日的暖阳畅聊《红楼梦》，啧啧，这美景简直大过天！

一直到陆小曼离世，赵清阁都是她最贴心、最要好的知

己姐妹，或许用现在的话可以叫作"闺蜜"。两人的交情
如何，也可在赵清阁写的那篇《绒线背心的联想》中寻获
踪迹，其中写了自己如何劝小曼戒鸦片，如何中秋日到医
院给小曼送豆沙月饼，以及小曼临终央求设法与志摩合葬的
具细。

　　上文在写小曼文学成就时，已简单交代过小曼同赵清阁
合作，完成《皇家饭店》的事。赵清阁如此"器重"小曼，
只因为她对小曼的处境，有设身处地的真实领悟，而不是囿
于她的故事，把别人的不幸当作自己的饭后谈资——没关
系，这世上的高手原本就少知音。记得《笑傲江湖》里，热
爱音乐的莫大也是在偶然遇到曲洋时，才发觉自己有了知
音。他们原本是宿敌，却因为共同的兴趣爱好成为知己。高
手对于自己所珍爱的东西，都不吝于同对方分享，哪怕在此
之前彼此互为仇敌。何况赵清阁与陆小曼，原本也并非仇
敌。赵清阁眼里的陆小曼，不是美人迟暮，而是实事求是的
才女。

　　俗人观一物，只能接受其最丰盈美好的姿态，一旦时节
错过，即不能欣赏到它的魅力。偏偏赵清阁愿意去接近年老
色衰时的小曼，穿透岁月的一双手，去领悟到时光沉淀下，
她的美丽。

　　读过小曼文字的人都清楚，其功底要远在三流文艺家之

上，可绝大多数人却不知道她也会做女红。或许是为了答谢赵清阁对她的付出，小曼亲手织就一件白色细绒线背心。赵清阁对此也很珍惜，一穿就是五十余年，旧了破了就补补再穿，从不舍得扔。

勉强挨到1965年暮春，病床上的陆小曼终于等来了她的好姐妹赵清阁。她有气无力，望着这张熟悉的脸庞，断断续续地说了最后一句话："我……希望在死后能和志摩合葬，你……能不能帮我办到？"之所以这样试问，是因为她明白徐家人对自己的厌恶，所以也只能把这件事当心事托付给如今身边最亲近的人。望着在生死线上挣扎着的小曼，清阁不假思索地说："我尽力想办法！"

赵清阁于1914年出生在河南信阳城的一个小官僚地主家庭里。其祖父是一个清朝举人，曾当过学官。母亲也是极有才气的女子，可惜红颜薄命，在赵清阁五岁时就不幸离世。赵清阁从此被寄养在舅舅家中，八岁进入省立女师附小念书。

原本平静的生活，在父亲又娶入一房太太后被打破了。继母不喜欢赵清阁，总是在父亲面前中伤她，使她的心思逐渐敏感。学校成了她临时的"避难所"，直到接受"五四"新文化运动后，她的思想也越来越开阔。

初中毕业时，得知父亲打算终止她的学业，替她包办婚姻，赵清阁终于负气出走，永远地离开了这个并不爱她的家庭。当时她只有十五岁。此后凭借自己的努力，赵清阁考上了河南艺术高中，还得到了助学金。在这期间，她接触到绘画和艺术概论，两年后，她的素描和国画都有了不少长进。同时受到托尔斯泰等国外作家的影响，赵清阁开始写诗。1930年，刚满十六岁的她第一次向开封《民报》投稿，稿件即被发表，突如其来的成功激发了她的创作欲望。1933年她因河南的时局变得紧张而奔赴上海，开启另一段人生历程。

　　赵清阁虽为女子，却有男子的气魄，性格也很倔强，自己认定的事情从来不会放弃。去上海之后，她以优异的成绩考入上海美术专科学校插班，一边跟随倪贻德学习西洋画，一边努力学习写作。通过努力，逐渐成为黄心勉主编的《女子月刊》的撰稿人。虽然她画画也很棒，却最终选择成为一名作家，因为她更想去关注社会民生和国家动向。

　　多年颠沛流离的生活使她身患顽疾，身体羸弱。她曾不无遗憾地说："如果，我的病不再折磨我，我的生命还能延续下去的话，我倒愿意矢志终生献身文艺，永远学习，永远努力……"她一生的奋斗就如同是与命运的一次抗争。虽然上天待她恶毒，但不管条件如何艰苦，她从未想过放弃自己，甚至通过多年的努力，笔耕不辍地创作出两部经典名著，更结识了不少当时文化界的名流，如鲁迅等人还曾写信关心她的生活。

　　只是这种骨骼里的坚毅也令很多人觉得她"冷"，但其实她一直都是个非常热心的人。田汉曾写过一首七律来形容她："从来燕赵多奇女，清阁翩翩似健男。侧帽更无脂粉气，倾杯能作甲兵谈。岂因泉水知寒暖，不待山茶辨苦甘。敢向嘉陵录画料，弹花如雨大河南。"我想，用这首诗来评价赵清阁，是最合适不过的了。

暧昧情愫，求助胡适的一次

一个美人即便身体不着任何配饰，也是"天然去雕饰，清水出芙蓉"的美，站着不动，就能吸引来一大票观花恋蝶之人。

翻阅古时历史，发现每个兵败垂成以至灭亡的国家，都喜欢把罪责推在本国美人的身上。俗语说，"红颜薄命"。

与小曼这样一位迷人的女子交往，不动心太难。民国的文化氛围又那么明朗开阔，从著名的"太太客厅"开始，可以看到大家彼此交流，并无严苛的男女之分。胡适原本是小曼的老师。老师教授学生课程，原本也无可非议，可小曼并非一般的学生，她长得娴静人又聪慧，被胡适赞誉为北京城不可不看的一道风景，可见，胡适对小曼，确实是打心眼里喜欢。

提到胡适，人们首先都会想到他是个风流的文学才子。曾几何时，他因为与曹诚英的婚外恋闹得满城风雨，沸沸扬扬。"同心而离居，忧伤以终老"，很多人差点认为曹诚英就是这位大才子一生最爱的女人。然而1925年，一个名叫陆小曼的美丽女子从天而降，像一束光照进他的生命。

那个时候，陆小曼是王赓的妻子，徐志摩的情人，这两个男人都曾将胡适当成是自己最信任的朋友，托付他照料陆小曼的精神和生活。

1925年4月，王赓在给胡适的信件里写道："谢谢你们二位种种地方招呼小曼，使我放心得多。这几个月来，小曼得着像你们二位的朋友，受益进步不在少处，又岂但病中招呼而已。她有她的天才，好好培养可以有所造就的。将来她病体复原之后，还得希望你们两位引导她到sweetness and light（蜜与光）的路上去呢。"

而徐志摩此时正与小曼热恋，他从欧洲写回寄给她的信件，也都是交由胡适代为转交的。在徐志摩看来，胡适是有先进思想和大智慧的人，更是他们可以信赖的好朋友。对感情绝望之时，志摩还曾鼓励小曼说："他们——如'先生'，如水王，如金——都是真爱你我，看重你我，期望你我的。他们要看我们做到一般人做不到的事，实现一般人梦想的境界。"

与此同时，小曼对胡适也充满了依赖感。她在某封写给胡适的信中说；"现在大家都知道你是我的先生了，你得至少偶尔教教我，才可以让他们相信你确实是他们心目中想象的先生。"有人说，当年有传言，说最初是胡适看上陆小曼，却因为惧内无法跟太太离婚导致小曼不满，她才转而许身志摩的。此种说法虽已不可考据，但现实中胡适与小曼的关系确也非同寻常。

后来，小曼与志摩的相恋受到家人的阻挠，胡适还曾"出手相助"。私心来说，他自己生活在包办婚姻的痛苦之中，确因为江东秀的彪悍无力反抗，深知名存实亡的感情有多可怖，所以心甘情愿站在徐陆一边。在志摩离开北京去到欧洲时，他曾受托帮徐志摩转达其写给小曼的相思信件。后来，也是他出面说服徐志摩的父亲徐申如，徐陆二人才得以圆满。首先可以看出，胡适之于小曼，是有恩情在的。

胡适与小曼私下也是很好的朋友。俩人常一起登楼看戏，依偎软语。胡适的好友——北大教授吴虞在1925年6月14日的日记上就说："立三约往开明观剧，见须生孟小冬，其拉胡琴人为盖叫天之拉胡琴者，叫座力颇佳。胡适之、卢小妹在楼上作软语，卢即新月社演《春香闹学》扮春香者，唱极佳。"这卢小妹就是指陆小曼。

胡适与徐志摩也是很好的朋友，据说徐志摩会把自己的日记拿给胡适看，请胡适在上面做批注。徐志摩也很了解胡适，他说："凡是你文章中有按语的地方都要好好考究，因为这些按语往往都是导引你往错误方向理解的。"这些话深得胡适之心，所以他说"知我者志摩"。

胡适太太江东秀一直不满他与小曼的来往，甚至在他帮忙撮合志摩小曼的婚事时，也一天到晚地对其破口大骂，更在俩人婚礼前一天，与胡适在家中大闹一场，生生把他原定的"证婚人"搅成了"介绍人"，这让胡适好不气恼。此事也成为志摩等人拿胡适开玩笑的笑料，婚后小曼曾特意寄送一张照片给胡适，为他解嘲。

此后，彼此各自囿于人生，没有太多的交集。直到徐志摩出事后，胡适第一时间赶来，帮着陆小曼处理后事，俩人的交往才又多了起来。

小曼给胡适写了许多信件，因为顾及江东秀，所以故意将字体写得又粗又大，像个男人。1931年，小曼共给胡适去了六封信件，后被收录在《胡适遗稿及秘藏书信》，以下简摘部分：

"想我平生待人忠厚，为人虽不能说毫无过失，但从来不敢做害人之事，几年来心神之痛苦也只是默然忍受，盼的是下半世可以过一些清闲的岁月，谁知苍天竟打我这一个猛烈的霹雳，夫复何言？先生，我想不到会有这种事临到我的头上来的，我，我还说什么？上帝好像只给我知道世上有痛苦，从没有给我一些乐趣，可怜我十年来所受的刺激未免太残酷了。这一下我可真成了半死的人了。若能真叫我离开这可怕的世界，倒是菩萨的慈悲，可是回头看看我的白发老娘，还是没有勇气跟着志摩飞去云外。看起来我的罪尚未了清，我只得为着他再摇一摇头与世奋斗一下，现在只有死是件最容易的事了，我还是往满是荆棘的道去走吧。"

"我们虽近两年来意见有些相左，可你我之情岂能因细小的误会而有两样吗？你知道我的朋友也很少，知己更不必说，我生活上若不得安逸，我又何能静心地工作呢？这是最要紧的事。你岂能不管我？我怕你心肠不能如此之忍吧！"

"我同你两年来未曾有机会谈话，我这两年的环境可以说坏到极点，不知者还许说我的不是，我当初本想让你永久地不明了，我还有时恨你虽爱我而不能原谅我的苦衷，与外人一样的来责罚我，可是我现在不能再让你误会我下去了，等你来了可否让我细细地表一表？因为我以后在最寂寞的岁月愿有一二人，能稍微给我些精神上的安慰。"

小曼也曾关心过胡适的身体："你怎么又发烧了？难道你又不小心感冒了？今天体温多少？我真是焦急，真希望我能这就去看你，真可惜我不可能去看你。我真真很不开心。"

看到小曼日渐憔悴，胡适心中充满了同情，也想给她一些帮助。只可惜，当时的小曼身边已经有了个翁瑞午，胡适倒有些不知所措起来。

但她的这项举动终究还是引起徐志摩一帮朋友的强烈不满。人们对小曼的这种"夫君才刚刚离去，你就开始造次"的做法深感痛恨与不齿，于是他们一起出面，公推胡适与陆小曼长谈一次。

那天下午，胡适在志摩生前租下的四明村的某间房子里坐了很久，最后才说："翁瑞午有妻有子，又是个花花公子，你何苦这样呢？"小曼自然知道他此番的来意，但她自有决定与主意："只要他对我好，我不在乎名分，反正这么多年，我也没有名分。"

说这话时，小曼正抽着大烟，胡适看一股烟从她的嘴里飘散出，进而在空气中打了几个转，不无痛心地说："那你就打算这辈子这样，和翁瑞午在大烟榻上过完此生？"陆小曼说："那你大博士给我指一条路？我是个女人，我要吃饭。"胡适说："只要你离开翁瑞午，与他断绝关系，你的一切我包了。"陆小曼只是摇摇头，笑着说："我的事，你包不了，你没法包。"最后，胡适只得怅然离去。

半个月后，胡适在南京又给陆小曼写了一封信，信上提出三点："一，希望你戒除嗜好；二，远离翁瑞午；三，速来南京，由我安排你新的生活。"但小曼根本不再理会，信也没回。胡适见此，也只好任她去。从此两人彻底断了往来。

说回小曼与胡适的信件内容，有不少人将小曼的这些信拿出来例证，痛批她是个水性杨花的女人。每次听到这样的论断，我只会为小曼感到委屈：与志摩的感情不顺也不是她的意愿，天生的性格就有差异；志摩死后小曼难以承受丧夫的孤独，她只是一个柔弱的女子；与胡适通信要怪也要怪胡适的热烈追求，想当初在她成为徐太太后，胡适仍不肯罢休，这种死缠烂打又岂是一代文学大师的作风！

分析胡适此人的性格，当属于"有贼心，没贼胆"。他没有与小曼发展到浓情蜜意的程度，大概有三个原因：第一，他害怕自己的原配江东秀。多少篇文章里提到过的江某，都是一个说一不二的悍妇，这样的女人吃男人吃得紧，势必不会让他做出太招摇过分的事情；第二，胡适虽喜小曼但更在乎他在文坛的名声，为人也懂得算计，断不会让自己为了一段感情轻易放弃前途；第三，也是最为重要的一点，小曼对他并无成好的心思。小曼对胡适是一种敬重的心情，她会写出那样稍显亲昵的词句，极有可能是当时的文化氛围就是如此。我们看鲁迅写给赵清阁或萧红的信件，也会出现这种略显亲昵的字眼，加上小曼又是非常至情至性的人，自然想到什么就写什么了。

那个情境之下，徐志摩突然辞世，家中经济无人分担，小曼也只好写信请求作为朋友的胡适，能够想办法帮忙周转解决经济问题。

而说到小曼对胡适最终的"劝诫"态度生硬，我则更加不能同意。有资料称，是胡适强迫小曼屈服的态度太过强硬，甚至有当面警告小曼说："你一定要离开翁瑞午，否则就别再和我来往！"小曼哪里是肯受人威胁的人，这才下决心断了与胡适的联系。

我想，胡适吸引小曼的，大抵只是他的才学。毕竟作为一个眼光不俗、追求不俗的女子，小曼很看重男人的才华。但胡适骨子里的理性和自私，却是她受不了的。这点上，胡适与徐志摩可谓大不相同，从他历次在多个女人之间周旋，就可看出，胡适绝对是会"偷腥"的"好苗子"，因为他很聪明，从来不会去招惹有麻烦、有纠缠的女人。所以说，胡适对女人的爱是很肤浅的，只是一种男人低级本能的催生，不会上升到精神层面。

小曼需要的不是这种，她凡事不做就不做，做就一定要是极致。对于爱情，她始终很投入，是个适合生活在热烈的情感里的浪漫的女人；而胡适能给的，则是将她变成自己的一件私有珍藏艺术品。

　　这或许正是小曼为何最终选择了翁瑞午，而不是胡适的根本理由。

　　相传小曼与志摩结婚的当天，胡适应邀参加婚礼，送来了一幅画做贺礼。画是他自己创作的，寥寥几笔画了一把茶壶、一只茶杯。小曼皱着眉头看了半天，也没看出个所以然。这时，志摩笑着对她耳语了一番，她才明白这是什么意思。一茶一杯分别代表志摩与小曼，俩俩相配，都是一对。小曼当时被逗笑很久，她没想到一向严肃的胡适也能如此幽默。但婚后某天小曼忽然严肃地教育志摩："你不是我的茶壶，乃是我的牙刷。茶壶可以公开用的，牙刷不能公开用的！"这里也间接表现出胡适与小曼分别对爱情持有怎样的态度。实际上，爱情对小曼来说也确实是牙杯配牙刷型的，诸如敬佛不在那些俗套，有些佛家弟子吃肉喝酒，但心虔诚。小曼虽委身翁瑞午，心里却始终只有徐志摩一个爱人。偏偏不像胡适那样，家里有个原配，却还想尽办法在外拈花惹草。

第六章

琼花飘落花事了

真正的美人，老去了是很令人惋惜的。特别像陆小曼这种，活在孤独的尘埃里，只等着生命的最后一刻被榨干耗尽，去往另一个世界找寻她的精神。

美人迟暮，花落无言

一个人老也就老了，最不忍心是一个美人老了。美人的老去，总携带着一些岁月的悲哀，她的声音已不再动听，眼睛也失去了色彩，身材走样，牙齿脱光。一个美女老起来，大抵更令人憎恨。岁月最是无情，在她年轻时给予了饱满的皮肤，丰盈的体态，一举手一投足皆是千娇百媚。可临了，还是将这笔可贵的财富，如数收回。

美人迟暮，乃是人间最为悲壮的凄凉。

也许你会跟我说，有些女人却在岁月的锤炼里，活出了一生的精致。是的，我在此大方承认，有些女人会越老越精神，她年轻时活得健康轻盈，老了也可以优雅从容。但这些女人，大概只是些很普通的"选手"吧。她们又不曾真正为命运所垂青。

真正的美人，老去了是很令人惋惜的。特别像陆小曼这种，活在孤独的尘埃里，只等着生命的最后一刻被榨干耗尽，去往另一个世界找寻她的精神。

小曼一生高傲，却命运多舛。早年的她，对政治不感兴趣，尤其厌恶军阀、政客。为此，在抗战期间，她始终没有离开上海，也没有同任何伪敌的组织来往，做了一个正直、爱国的中国人。

1932年，徐志摩去世后不久，一次张慰慈前来拜访陆小曼，对她说："你一个人过生活也很困难，像你这样身份的女士，其实可以出去走走，为社会做点工作，那么，在生活上也可以有所改善，你有兴趣吗？"

小曼当时正为生计发愁，她心里是很想出去找份工作贴补家用，但在听到对方说是替国民党政府办事时，毫不犹豫地拒绝了。但对方并没死心，几天后又再次打来邀请电话，说宋子安（宋子文、宋美龄之胞弟）想请她赏光吃饭，再次被小曼拒绝了——虽然她知道，如果应下这门差事，和宋子安搞好关系，日后便有大把的荣华富贵。但她最终还是拒绝了。

随着新中国的成立，小曼看到中国共产党卓越的领导力、建设力，她才觉得中国又有了希望。虽然那个时候，她已年近半百，却还是打起精神，决定走下病榻，离开卧室，去为自己的国家和人民做一些力所能及的事。

值得欣慰的是，此时党和政府领导人也关注到了小曼的生活，安排她为上海文史馆馆员，每个月可以领到几十块钱。有了最低的生活保障，小曼便能全心全意地为工作而努力。《上海文史馆馆员录》收录着对她的介绍："陆小曼，别名小眉，女，江苏常州人，一九五六年四月入馆，擅长国画。专业绘画和翻译。"

那一年，她还做了农工民主党徐汇区支部委员，后来上海画院又吸收她当了画师。1959年，她当上了上海市人民政府参事室参事。

1960年左右，一个阳光遍洒的温暖下午，小曼偶然遇到在善钟路上闲逛的王映霞，她们早年曾是非常要好的姐妹。只是人海浮沉人事变迁，各自结婚成家以后就少了许多来往，大概人生就是如此地无奈吧。

相遇的地方正是闹市中央，乌泱泱的人群攒动，小曼生怕好友一个转眼就消失不见，连忙用尽全力朝着她的方向大喊一声："映霞！"只见王映霞呆了一会儿，连忙朝着四处望去，这才看到小曼。两位好友不曾想过时隔多年，还可有这样一场充满惊喜的偶遇，连忙兴奋地将彼此的双手搭在一起。善钟路距离小曼的住所不远，她就邀请王映霞去她家小坐。

小曼几十年没碰到老友了，非常高兴，像个孩子似的激动地将自己这些年的遭遇告诉对方听："过去的一切好像做了一场噩梦，甜酸苦辣，样样味道都尝遍了。如今我已经戒掉了鸦片，不过母亲谢世了，我又没有生儿育女，孤苦伶仃，形单影只……像你这样有儿有女有丈夫，多么幸福！如果志摩活到现在，该有多么美啊！"隔了一会儿，她又说，"幸而生活还安定，陈毅市长聘我为上海文史馆馆员，后调为市人民政府参事，上海画院又聘我为画师。我还能将绘画作为我的终身伴侣了。"

王映霞听了，也是颇为感慨，看着形销骨立的小曼，听着她这些凄苦的诉求，一时也不知该如何安慰。此时的她，也经历过了几场情海浮沉，与郁达夫的一世情爱闹了个满城风雨，一对有情人最终落到"相互登报揭短"的残酷下场。如今她早已是第二任丈夫钟贤道的夫人，或许是此前感情上经受了太多的重创，老天爷不忍她一个女子继续辛苦，这位夫君竟是出奇温暖与良善，对她亦是照顾有加，是一位难得的好丈夫。他们婚后共同生育了一双儿女，如今业已长大成人。

同样是民国时期有名的美人、才人，对于这样两个人，时光却给出了完全不同的答复。人生究竟有何解义，荣华富贵也好，清贫寡淡也好，也许到头来终究只是一场空。因为我总觉得，不管是伤痕还是幸福，对于漫长的人类历史来说，都只是大海里的一朵浪花，一颗小小的石子。

1964年春，陆小曼开始用正楷笔录《矛盾论》全书。她的书法功底深厚，笔法也相当清秀，有恽南田之味。由于这是预备作为中华人民共和国成立十五周年的节日献礼，所以她很是认真，但凡身体条件允许，每日定要下床赶工。可就在夏天来临的时候，她的身体越来越差，以至此事成为终身遗憾。

1964年秋，为了更好地开展"杜甫生平展览"的活动，小曼接受了画院的邀请，为草堂画四张子美（杜甫的字）诗意的山水条幅。经过一个夏季的"折腾"，她的身体并没有朝好的方向发展，已然十分虚弱，但对于答应别人的事，小曼向来守信用。画好之后，她还特意请好友前来一看，她用虚弱微小的声音问："你看我的画是不是比解放前进步了些？"

赵清阁仔仔细细地将画作全部打量一通，对小曼回答道："你画出了杜诗的朴实意境、神韵，你算得是子美的知音！我衷心祝贺你的成功！"

陆小曼听了，不由拉起赵清阁的手，语气激动："你可谓我的知音！"

到了10月，陆小曼因肺气肿和哮喘不得不住进医院。适逢中秋佳节，赵清阁想到孤身一人躺在医院的小曼，于是特意买了几只月饼赶去探望。来到病床前，小曼的状况令她感到担忧，只见小曼的鼻孔内插着氧气管，整个人也憔悴不堪。见到好友的到来，小曼费劲地作出挣扎的姿势，气喘吁吁地对她说："难为你想到我，今年我还能吃上月饼，恐怕明年就……"说着，她用手指轻轻地指了指月饼，赵清阁心领神会，连忙拿了一块比较松软的豆沙馅的给她，她吃得津津有味。

过一会儿，她又低声说："我的日子不会多了！我是一个无牵无挂，家徒四壁的孤老，是解放救了我，否则我早死了，我感激共产党。"

赵清阁望着此时憔悴的小曼，轻声地安慰了几句，两个人便静默在当晚的月色里。为了使她保存体力，赵清阁示意小曼不要再说话，只等以后身体好了，她们再聊个痛快。不知道，她在那种诡异的寂静里感受到了什么，或许有对人生以及美人迟暮的一些感慨吧。岁月终究是不饶人的。谁也逃不离。

或许是从赵清阁那里得到小曼病重的消息，这天，赵家璧也来看陆小曼。陆小曼对他说："如果不解放，我肯定活不到今天；如果志摩生前知道，我们的共产党是这样好，他也会和我一样相信的，可惜他死得太早了。如果不死，我相信他不会跟着走胡适的道路，他可能会走闻一多的道路。"她又说，"唉，志摩要是不坐那架小飞机就好了。"

赵家璧感慨地说："是啊，他要是不坐那架飞机就好了，不过……至于他会走什么路，还是茅盾说得对，'我们不便乱猜'。"随后不忘安慰小曼，"但他留下的文学作品，将永远成为新中国文学宝库的一个重要组成部分。"

　　说到这里，像是提到了小曼最在意的事，于是小曼也紧着嘱咐赵家璧说："有机会的话，请你帮着出版那套《志摩全集》。"

　　赵家璧连连点头，向她保证："你放心吧，志摩的书将来肯定会出，而且会越出越多。一定会出版一种以上的全集本的。"听完赵家璧的话，小曼露出欣慰的笑容。

　　拖着病体一天天苦挨日子，吃药打针都不管用，小曼有些心灰意冷。果然，入冬之后，她的病更严重了。勉勉强强支撑到来年暮春时节，她终日咳嗽，人也愈发清瘦。

　　赵清阁又来探望她，还带了另外的一位好友应野平。小曼上气不接下气地对朋友们说："我不会好了，人家说六十三岁是一个关口……最近我常常梦见志摩，我们就快……快要重逢了！"应野平安慰她说："别迷信！你太爱胡思乱想了。"但她似乎并没听到，仍继续断断续续地絮叨着："我还看到了王赓，他和志摩在那个世界里似乎还没有和解。唉，让他们去闹吧！反正我也要去了。"话刚说完，小曼就要伸手扯掉氧气管，吓得一旁的赵清阁赶忙上前制止，替她掖好被子，或许是真被惊吓到了，她的声音有些怒气："你这是干什么？别乱想了，好好养病才是正理。"

　　虽然我并未到残暮之年，却也能略微想象出小曼当时的心境。她一生好强，在生活最困难的时候都不肯贬低人格来做不中意之事，何况现在整天只能躺在病床上胡思乱想，什么都做不好。她是闲不住的人。以前爱玩，爱笑，爱跳舞；后来爱写，爱画，爱回忆。

听到好友的安慰，小曼不无凄楚地叹了口气，就再不言语了。

临终前几天，小曼的家人都来探望她。小曼趁此机会，将梁启超为徐志摩写的一幅长联以及她自己的那幅山水画长卷交到堂侄女陆宗麟的手上，嘱托她交给徐志摩的表妹夫陈从周先生；《徐志摩全集》纸样则交给徐志摩的堂嫂保管——关于《徐志摩全集》的纸样，后续还有不少故事。陈从周曾在一篇名为《含泪中的微笑——记陆小曼山水画卷》的文章中提到过："可惜的是那《全集》的纸版，我归还了徐家，已在抄家中丢失了其中一册。虽然事前我已与何其芳同志联系好，要寄北京文学研究所保存，但徐家在时间上拖了一拖，遂遭劫运。"

1965年4月3日，一代才女、旷世美人陆小曼在上海华东医院过世，享年六十三岁。

在陆小曼灵堂上，只有一副挽联，是她的学生王亦令撰、乐宜写的。

倒不是小曼人缘太差，无人留字纪念。只因为当时正值"文革"前夕，许多文人怕一不留神给自己招致牢狱之灾，才只是出席葬礼，并无着墨写字。

因为徐家后代始终不同意，小曼的骨灰未能与徐志摩同葬，所以赵清阁也未能完成小曼的临终嘱托，这也成了她最大的心事，为此曾专门写一篇《陆小曼幽怨难眠》，抒发自己对徐家人的不满："一九六五年的四月二日（注：应为三日），陆小曼默默地带着幽怨长眠了。她没有留下什么遗嘱，她最后一个心愿就是希望与志摩合葬。而这一心愿我也未能办到。我和她生前的老友张奚若、海粟商量，张奚若还向志摩的故乡浙江硖石文化局提出申请，据说徐志摩的家属——他与前妻张幼仪生的儿子——不同意。换言之，亦即中国半封建的社会意识不允许！"

为此，她的骨灰一直未安葬，暂寄在某处。当时只有陆小曼的表妹吴锦等人一起去骨灰盒寄存处凭吊过。不久"文革"开始了，小曼骨灰安葬的事情也便搁置下来。直到1988年，由小曼的堂侄、在中国台湾的陆宗出资，和陆小曼的另一个堂侄陆宗麒以及与陆小曼晚年密切来往的堂侄女陆宗麟一起，在苏州东山华侨公墓建造了纪念墓，墓碑上书"先姑母陆小曼纪念墓"，墓上放有一张陆小曼年轻时的相片，才算真正地入土为安。在小曼的墓旁，就是其父陆定、其母吴曼华的纪念墓。

至此，悔恨与忧伤，藏在了岁月深处。相见不如怀念。而一代美人的过往，终于画上一个不太完满的句点。

合葬遗愿，终成憾事

　　人常说近处没有风景，因为走进了风景，视野也会变得局限。我忽而想到自己曾经因为追星，对朋友大谈特谈偶像的美与高尚，朋友一句话就呛回了我："人无完人，你之所以崇拜是因为距离遥远，若是有天你像亲近我一样亲近他，像了解我一样了解他，或许事情会完全不同。"

　　以此推断，我们生活的近处，也不可能会有诗人。因为和诗人最亲近的人，是不会在意他创作的那些伟大的诗篇的，更不会对他的人生感到好奇。

　　2000年，由徐志摩、陆小曼合作编写的话剧《卞昆冈》终于在上海首次公演。这是一部诗歌话剧，剧本唯美，连一个肉铺老板的语言都充满了文气。剧情发展和推进比较沉稳，没有太多的高潮迭起，所以显得有些冷清，但观众并不计较，他们只想透过这出话剧，隔着遥远的岁月，安静地欣赏各自印象中的那对神仙眷侣。

　　时光最是无情，能把所有的东西全部颠覆。只是这么多年过去，小曼的遗愿终究还是落空。

　　后人中有头脑清晰者，了解其故事的，也纷纷开始站出来替她发声，为她感到深深的不公平。其中，作家韩石山就曾写下有一篇《海宁没有明白人》，痛斥徐家后代的不仁义，以及海宁人的愚昧无知。

　　还有个别网友，说他因为对小曼骨灰的最终去向好奇，加上自己又是实打实的硖石人，所以专程在2001年，去往常州拜访陆小曼的表妹吴锦，当时老太太已有八十六岁高龄。只是结果如何便不曾知晓了。

　　大概，也始终都是一件遗憾的事情了。只是可怜了小曼，生前如何光辉明灿呼风唤雨，死后也如流星坠落天际一般暗淡。

附录：《海宁没有明白人》/作家　韩石山　著

　　浙江的海宁，我去过四五次，去的次数多了，便生出一种感慨：中国要是没有海宁，没有近代以来海宁出生的这些文化名人，中国的文化史要黯淡许多。

　　也是去得多了，又生出另一种感慨，就是海宁没有明白人。每次去了，总要到徐志摩墓前凭吊一番。看到新修的墓，孤零零地坐落在西山的半腰，由不得想：那么一个爱热闹的人，就这么寂寞地躺在这儿的地下。原来的墓在东山，还有父亲陪着或是陪着父亲，父子两人还可以叙叙旧，解解闷儿。那么爱女人，又让女人爱的一个人，他爱着也爱着他的海宁人，就没有想到过他的孤单？冬秋季节，穿过西山林木梢头，吹到海宁城里的呜咽的北风里，就听不出有诗人凄苦的长啸？

我自然知道是为什么。都怨陆小曼。你要是不嫁给我们的志摩，他的妻子就还是张幼仪，一个那么坚贞，那么能干，还有那么高的社会地位的女人，和我们的志摩多么般配呀。志摩是1931年死的，你是1965年死的，守寡34年，得算个节妇了。这也让我们海宁人脸上光彩。可你既不撞死也不守节，这让我们海宁人怎么办？虽说我们都知道你是我们志摩明媒正娶的老婆。

还有一个理由，也不可不说。那就是，张幼仪和徐志摩生的儿子徐积锴先生，到现在还活着，前些年还不时地回来看看。要是他回来，看见父亲的墓地上，葬在一起的不是张妈妈，而是一个陆妈妈，他会不高兴的。这就过虑了。我和这位积锴先生通过几次信，知道他是个深明大义的人，断不会作如是之想。张幼仪当年为徐志摩做了那么多的事，因为前妻的身份，始终退居幕后，他不是不知道。再说，儿子怎能管父亲的婚事？

　　要叫我说，无论徐志摩在世不在世，陆小曼都没有什么对不起你们志摩的。她是一代名姝，嫁给志摩是下嫁而不是高攀。

　　不说姿色了，就说品质，陆小曼也是很高尚的。徐志摩去世后，她不过28岁，仍很年轻，再嫁人不过是点一下头的事。可是她不，一定要以徐志摩太太的身份活着。纵然跟翁瑞午住在一起，她的厅堂上，仍挂着徐志摩的大幅油画像，前面的桌子上，每天都供着鲜花。她自己呢，更是四季身着素服，从来不去娱乐场所，自觉自愿地当个"未亡人"。这样好的女人，这世上你到哪儿去寻？

　　可是，就是这样一个圣女般的女人，她的墓却远远的在苏州。她又不是苏州人。这个墓，是上世纪80年代，她的一个在台湾的侄儿汇来钱，让侄孙辈的人修建的。后来我看到她的一位侄孙的文章，说他的老姑母生前有遗言，想和丈夫安葬在一起。他们也曾和海宁方面交涉过，海宁方面不同意，只得葬在苏州了。

　　这是海宁人的毛病，也是海宁人的耻辱。徐志摩有名气，你们就认他是你们海宁的儿子，迁移坟墓，修缮故居，宣传他，吃他。张幼仪的儿子在美国，还回来过，你们就老说张幼仪是徐志摩的妻子，恨不得把张幼仪和徐志摩合葬在一起。太不像话了。无论是从旧道德上说，还是从新道德上说，都应当把陆小曼的棺木迎回去，跟徐志摩合葬在一起。这事情，迟早会有人办的，这一代的海宁人不办，下一代也会办，下一代不办，下下一代也会办。我就不信海宁永远也出不了一个明白人。

美人遗香，小曼与家人

　　了解一个人，非但要了解其人本身，她生前有过交际、关系亲密的人，也应当去多了解。这也算是对她的一种怀思吧。

　　美人逝去了，好在还有跟美人相干的亲人在。

　　小曼有一表妹，名唤吴锦，虽非亲姐妹，却胜似亲姐妹。

　　小曼的外甥庄簴曾在《我所知道的表姨妈陆小曼》中这样写道："陆小曼是我的表姨妈，她是我母亲的表姐。陆小曼的母亲吴曼华、舅舅吴安甫，本是常州麻巷中丞第吴光悦的后裔。中丞第门朝南通麻巷，北通白马巷。共有三进和一座花园，近百间房屋，是一座典型的江南官宦民居。吴安甫、吴曼华住在第三进。后面是一座花园。听我舅父吴一鸣说：中丞第原本还有第四进房，是座楼房。因太平天国进入常州，一把火烧毁了，后改成花园。在我的记忆中，花园中存有一座大小不等的条石铺成小路通园门，园内残存断墙、墙基。花园约有两亩地大小，种有柏、枣、桂花、桑葚、梧桐、花椒、杨柳等树数十棵。有假山堆成的山洞、拱门等。园西南处有口水井，常年清澈，从不干涸。中丞第三进房中第一进最为气派，柱子有尺余粗，有几扇高大的格子门。正中上面悬挂两横匾，书有'中丞第'三字；另一匾是皇帝（据说是道光）御赐的'二龙戏珠'的镶花匾。第二、第三进都有庭院、回廊、厅堂、厢房等。"

据他的文章介绍，原本小曼的舅舅最早是住在西门早科坊西城脚，于民国初期从事商业，曾当过常州商会会长，相继开办了常州第一爿西菜馆、第一家戏院，还集资办过菜场。只可惜人去世得早，不到六十岁就驾鹤西去，留下家里三个尚未成年的兄弟，一家人的生计全部压到了他夫人的肩膀上。

因为生活的困境，小曼的舅妈不得不先把娘家的房产卖掉，从西城脚搬到了早科坊济美里，居住在用芦苇隔成的一厅室生活。

1937年抗战爆发，小曼的舅妈迫于战事，不得已带着子女乘船逃到上海租界，住在了小曼家。

由于吴安甫与吴曼华之间有很深刻的兄妹关系，在哥哥去世时妹妹就曾答应帮他好好照顾全家人。甚至在吴曼华病逝前，还曾专门交代小曼要照顾好舅舅一家。也是在这个时候，小曼与表妹吴锦建立了非常深厚的感情。后来，吴锦嫁人，但五年后丈夫就因病去世了。她与小曼因此同病相怜，姐妹之间更是惺惺相惜。几十年中，吴锦生活在小曼的府上，无形中竟也管了家里的账目——一切只因小曼在钱物上的"懒散"。所以，她对小曼家的经济状况，也是最为了解。

那些年，日子并不好过，一家人的开销加上佣人的月费，全赖翁瑞午外出跑事赚出，当掮客、卖古董，这些他都有涉猎。每次，等到翁瑞午回家，吴锦就知道抽屉里又会有钱用。一次，钱快用完，可翁瑞午还没打算外出，吴锦就对他喊一句："翁先生，钞票只剩下XX元了。"翁瑞午听完笑着问："哪能用得嘎快？小姐侬搭我省点用啊！"吴锦又说还差佣人的月费没给，翁接话回，过阵子就会给。于是，就这么靠他的支撑，连同小曼在内的一家人，辛辛苦苦捱过了抗战八年、解放战争四年，直到小曼有了工作。

此外，小曼体弱多病，日常生活也都靠吴锦在旁照料。其外甥庄簌有趣地形容她们的状态是："棒靠瞎子，瞎子靠棒。"尤其是在小曼人生的最后几年，她的后事也是吴锦找人一起帮忙料理的。

吴锦本也是知书达理的女子。小曼生前，相传曾有一幅画作流传去了日本，是她与翁瑞午、江小鹣三人合作画的松竹梅"岁寒三友图"，小巧玲珑，清淡素雅。此前这幅画经过装裱，一直挂在小曼表妹吴锦的卧室内。后来成了小曼的遗作，吴锦也一直将它随身带着，好好地保存着。

再后来，吴锦因经济困难，就托侄女的男朋友带去日本售卖，希望能卖个好价钱，接济家用。从此，就没了下落，也不知道这幅画现在是否还在，还有没有在日本当地……

这位小曼的外甥还曾从母亲吴锦那里，了解到一些不为外界所知的真相。诸如表姨妈陆小曼与王赓离婚的事实根由。

小曼奉父母之命嫁给王赓，这场婚姻是彻彻底底的包办。由于当时陆家看上的是王赓此人有前途，所以主动答应由女方承办婚宴等一切事宜。为了使小曼出嫁有面子，家人特别到景德镇烧制了一套碗筷饮食用具，碗碟上的花卉图案则由小曼母亲吴曼华亲笔绘制。

旧时的女子都讲求"三从四德"（当时虽已是民国时期，但封建文化对国民的影响根深蒂固），小曼嫁给王赓，自然也要走"出嫁从夫"的老路子。王赓不谙情事，对待自己的妻子毫无温存，小曼在家里，就好像一只家养金丝雀，到底没有多少真心的疼爱。这和小曼的性格与所想要追寻的生活完全不同。所以，她对这样的感情才觉得没什么可留恋——想到这里，我不禁感慨：其实小曼的父母也未必真的了解自己的女儿，否则也就不会摸不透她的性情，以至于安排这样一桩"文不对题"的婚姻给她了。

　　而关于小曼与翁瑞午的那段往事，也有事实可依。

　　上海中国画院保存着陆小曼刚进院时写的一份"履历"，上面写道："我廿九岁时徐志摩飞机遇害，我就一直生病。到1938年卅五岁时与翁瑞午同居。翁瑞午在1955年犯了错误，生严重的肺病，一直到现在还是要吐血，医药费是很高的，还多了一个小孩子的开支。我又时常多病，所以我们的经济一直困难。翁瑞午虽有女儿给他一点钱，也不是经常的。我在1956年之前一直没有出去做过事情，在家看书，也不出门，直到进了文史馆。"

　　由此可以看到，小曼与翁瑞午具体的来往，时间和事实都已很明确。她原本不该受到外界如此强烈的非议。何况一个女人还拖着病怏怏的身体。其实，胡适要求她断绝与翁瑞午来往的时候，翁的身体已经出现很大的问题，小曼拒绝的理由充足，她说："翁瑞午虽贫困已极，但始终照顾得无微不至，廿多年了，吾何能把他逐走呢？"小曼虽是一介弱小女子，却有男儿的雄壮之气，是个讲义气的人。她与翁瑞午之间是患难时刻的相互扶持，虽不是真正的爱情，却也着实不该用流言蜚语去诋毁。王亦令在《忆陆小曼》一文中说："凡是认识陆小曼的人，几乎异口同声称赞她宅心忠厚待朋友热情讲究义气。"甚至有人作出这样的评论："男人中有梅兰芳，女人中有陆小曼，都是人缘极好，只要见过其面的人，无不被其真诚相待所感动。她绝不虚情假意敷衍他人，而是出于一片赤子之心。"

　　大概是经历了与徐志摩的生离死别，小曼对感情也没有那么多计较了，在她生命中的最后一段时光，虽与翁瑞午保持着同居关系，但翁也有别的女人，更可以看出他们之间并非爱情。我想，她这样的做法，漫说是当时，就是放到现在，也还是大有人在的吧。我们不能因为一个人是名人，就对她提太过苛刻过分的要求。再说，人都是会变的，失去徐志摩的陆小曼已然只是一位孤苦可怜的女子，人们又何必再多苛责呢。

　　随着时光的流逝，关于小曼身上的谜题与疑点也终究会慢慢解开。曾经，她被千夫所指，但在未来，我相信有越来越多的人会选择去更好地理解她。

　　人云亦云很容易，但想要真正了解，都需要付出时间和努力。为了做一个不那么随波逐流的人，请大家试着多一些了解，少一些猜度。

美人遗香，小曼与朋友们

　　一个人是怎样的，就会吸引来怎样的朋友；一个人对他的朋友是怎样的态度，也会使得朋友对他持有怎样的态度。"不识庐山真面目，只缘身在此山中。"很多时候我们分辨不出自己是什么人，也只是苦于无法跳脱出这具躯壳，狠狠心把自己看清楚。而朋友，就是我们认清自己的一面镜子。

　　我常听周围有些人抱怨自己的某个朋友对待自己太过苛刻，但我也总想问问他，有否反省过自己对待别人是什么态度。在这个世界上，不管是谁，你想要交到知心的朋友，就必须首先要付出你对别人的真心。

　　小曼爱画画，又极其有天分，所以交到了一些同样热爱、擅长绘画的朋友。第一位不得不提的，当然要数她的第一任老师刘海粟了。其他几位还有钱瘦铁、应野平、唐云等人。在这几位中，小曼与刘海粟走得最近，大概因为他既是她与徐志摩婚姻的支持者，又是自己的老师吧。

小曼待人真诚，不管发生什么事，总会把朋友放在心尖上。后来刘海粟被人冤枉错扣上

右派帽子，仍能得到小曼的真心。她的这种不计较利益得失的做法，令刘海粟也总喜欢有事没事写诗篇寄去交流。

一次，刘海粟邮寄给小曼的诗篇中有这样一句："一尊金盆掷上天。"小曼读了觉得很美，忍不住在她的小外甥面前连连赞叹，她说："画家要有诗人的情怀，他的画才会有意境；同样诗人有画家的眼光，他的诗才会写得形象、艳丽！可惜志摩他不会画，但他比一般人要懂画。所以一些画家都愿意与他交朋友。志摩所以能成为很多文艺界人的朋友，主要是他懂艺术，艺术之间是相互通的。"外甥不喜欢刘海粟的画，于是就大胆对她说出自己的想法，小曼听了，也赶忙否定："别瞎说，刘是我的国画老师！画家各有自己的画法。我是女性，画国画应当追求清秀、雅致、艳丽。而刘海粟是男性，要有气魄。大笔一挥，潇潇洒洒，才是刘海粟的气派。刘海粟他是想创出一条路子，用西洋画手法来画国画，使西方人也能看懂国画。色彩特别鲜艳、亮丽是西画的特点，我们国画是该向西方学习的。这些，你不懂，不要瞎说。"外甥便不再言语。

得知刘海粟出事后，小曼还特意打通电话给她在上海认

识的朋友张悲侠，嘱咐他要是回到东北沈阳，一定帮忙联系
到刘海粟的小女儿，好好照顾她。果然，这位朋友按照小曼
的交代，一直把刘海粟的小女儿照顾到大学毕业。可见，小
曼待朋友真诚，结交到的朋友，也是个顶个地说话算话。

在她与徐志摩订婚的那天，正巧碰到表妹吴锦从外买菜
归来。吴锦问小曼说，今天的菜场有新鲜的水果，她要不要
留两只尝尝。小曼忙说，好。停了一会儿，又跟吴锦说：
"你买二十只，再买些肥皂、草纸、牙膏毛巾之类的生活用
品，给刘海粟送去。他现在经济很难！"吴锦听了小曼的
话，连连答应，最终是吴锦与儿子同去菜场，按照小曼的吩
咐买齐东西，两个人一起送去了刘海粟家。

刘海粟当时落难，住在一处人员混杂的大房子里。多年
后小曼的外甥回忆起来，也只记得"里面很大，住着好多人
家，楼梯很宽"。他们问人打听到刘海粟具体住在哪间房，
然后轻手轻脚地走上前去敲门，没有得到回应。邻居闻声出
来，告诉他们说夫妇俩刚刚出去，邀请他们去家里坐坐，一
边聊聊天一边等他们。

吴锦听了邻居的话，有些不好意思地拒绝了，她把东西
交给那家人，请他们帮忙一定要转交到刘海粟的手里。邻居
收下东西，连连点头。或许是因为小曼的体贴照顾令刘海粟
始终倍觉温暖，在她病逝以后，刘海粟每逢公开场合听到有

对小曼的不敬，也总要站出来为她说话，即便没什么冲突，也要对她称赞几句——小曼几个暖心的行动，证明了她的为人，也让朋友记住了她的好。小曼是聪慧的，一种真诚的聪慧。

除了刘海粟，小曼对国画画家钱瘦铁也很照顾。那时候小曼已经有了工作，只要一拿到薪水，就会叫上吴锦多买一些鸡鸭蔬菜，烧好后送到钱瘦铁、刘海粟家里去。小曼的意思是他们也不懂得照料自己，有时日子过得艰苦，要他们多补补身体。

有时，小曼也会要表妹吴锦烧一桌子好吃的，打电话叫朋友们来家里做客。这些都是小曼的外甥亲眼所见。那时候是动荡年代，天下也不太平，钱瘦铁因为一些事情总是爱发牢骚，小曼便总劝他要多想开些。喝酒的时候更甚，有一次，他极不平静地嚷着："某某人忘恩负义，早些年我帮他筹钱去了日本，如今我落难相求于他，却连个回音也没有！这真是太气人了。"小曼听了则劝他说："也许他帮过忙了，但鞭长莫及。再说，谁叫您开机关枪似的乱说一通，你知道吗？你把好多领导都得罪了，谁还肯帮助您？"一席话噎得钱瘦铁哑口无言，也无话可说。

小曼见他不再说话，就笑着从锅里盛出一只大鸡腿递到面前："好了，快吃吧，有鸡腿在前什么烦恼就都忘啦！"

钱瘦铁也被小曼逗得笑开了眉眼，接过碗乖乖地吃下。

　　还有上海美术教授应野平，这也是小曼的绘画之友。当时，应野平就住在静安寺附近，距离小曼的家很近，所以每个月都要过来几次，与小曼切磋研究画艺，有时也只是简单地聊聊家常。

　　每次小曼总热情地照应，每当应野平带了夫人一起过来，小曼便要留他们一块儿吃晚饭。有一次，应野平对小曼提起他在舟山群岛画画的事，小曼对此赞不绝口。没过几天，《新民晚报》上就刊登出了一幅名为《晨响渔歌，千舟竞发》的国画，天高地远，很有气魄，而署名也正是应野平。小曼看到后连连称赞，觉得绘画就该是这样一门艺术——想要画出什么样的风景，不到实地去看看绝对不行。

　　1961年秋，上海市委干部要到外国出访，便想要带着国画送友人领导。透过一层层关系，也不知怎么竟找到小曼这里，市人委参事室干部特来家中一趟，恳请小曼帮忙。他们不知小曼当时的经济境况已很艰难，但她还是应承下了这件事。她一直很热爱自己的国家，如今国家有需要，当然不会推拒。

　　为了凑齐购买绘画的宣纸和颜料，以及请求绘画帮手，小曼从柜子里找出一件自己以前的貂皮大衣，并叫来吴锦帮忙卖掉。这件大衣是小曼以前顶喜欢的，可是因为年头久了也只卖得几百元钱。得手的钱，一部分买了颜料、画笔和宣纸，另一部分买了几斤大闸蟹。一切准备工作就绪，小曼打电话联系到她的三位好友，分别是画家唐云、刘旦宅、张正宇，几个人吃过大餐后一起在画室作画，也算是集体为国家效力了。

小曼用一件貂皮大衣，换来了一件克己奉公，努力完成组织交给自己任务的好事。

小曼喜好唱京戏，还在上幼儿园时，就曾拜北京的梨园老师学唱花旦。初次登台，这位老师便觉小曼天生是根学戏的好苗子，也有一个唱戏应有的好嗓子，于是便在大人面前承诺，一定要把她教成社会上的名角。这话被当时任北洋军政府官职的陆定听到，他觉得做官人家的小姐怎么可能做戏子（因为当时戏子的社会身份很卑微），便不要小曼再跟老师学了。孰知老师是被请走了，小曼热爱戏曲的那股浓烈劲倒延续下来。事实证明，有些千里马不需要伯乐的关照与辅佐，也可以发展得很好。成年后的小曼曾因唱京剧旦角而名声大作，经常应邀参加社会上组织的赈灾义演。在上世纪三四十年代，小曼在京就曾有过几次，轰动京门。久而久之，她的唱功也就越来越精湛，只是没想到，这一切竟传到了梅兰芳的耳朵里。梅兰芳当时已经是京城名角，自己的表演与演唱能够得到他的垂青，小曼自然心花怒放。

　　1952 年，小曼得知梅兰芳要去日本访问演出，便写信给先生请他捎带些日本宣纸回来。那年恰逢小曼在上海画院工作，她几乎每天都要绘画。在当时的中国，还很难买到称心的宣纸，小曼觉得日本的宣纸吸水性更强一些，更适合拿来作画。梅兰芳先生接到小曼信件后，果真在返国没几天，就专门派秘书将两百张日本宣纸送到了小曼的府上。秘书看到小曼后还特别交代："梅老板说了，两百张宣纸请收下，款就不必付了。算是仁兄送小曼贤妹一份薄礼。要您多保重身体，这样才能创作更多精彩的作品。"

　　小曼收下宣纸后，内心无比激动，要秘书替自己感谢梅兰芳的恩情，并说自己一定会注意身体的。

　　以前我看别人写的关于梅兰芳先生的文章，开头总也少不了这么一句："若说中国人的文、名、信、义，有一个人必定全部担当得起，他就是梅兰芳。"可见，小曼与梅兰芳都是重情重义之人，对待朋友都是用尽一颗真心。

　　小曼爱好读书，年轻时，尤其对武打武侠系列十分入迷。也是在一次机缘巧合之下，小曼竟阴差阳错地迷上了一套名为《蜀山剑侠传》的书。更不知道消息怎么传的，这部书的作者还珠楼主竟得知了此事，于是他专门给小曼写来一封信件，要她看完书后一定写意见回来。

　　一套《蜀山剑侠传》有几十本，小曼一本一本地认真研

读，真的按照还珠楼主的请求，把自己对某一章甚至某一段
的感想，仔仔细细地记录下来，并且对全书也做过非常精细
的研究。至于他们之间后来是否真有通信，就不得而知了。
只是知道，小曼对这套书的着迷，最后竟惹得表妹也对它上
了瘾。

美人遗香，小曼与学生

　　我看民国的大师们，无一例外都会收一些学生，说是为把自己手里的这点东西教人，让这点手艺发扬光大也好，说是看中了某位学生身上的才气，学识，能让他养家糊口，将来再成一代宗师也好。我总觉得，大师们这么做，或许只是遵从生命的本质。年岁流逝，年华老去，我们每个人终将离开这个世界。有些人会为祖祖辈辈的技艺无法传承而倍觉惋惜；有些人也会想着让后代的后代们，至少能学一门糊口发家的本事。民国那个年代，是个诗人、才子、大师风云辈出的年代，也成就和缔造了太多太多的传奇。

　　如小曼这样知名的人，也是有自己的学生的，只是数量不多，仅仅二三。据小曼的外甥写文章回忆，她收学生也没进行什么正式的礼仪，只是"叫一声'陆老师'，小曼也便点头同意了。"这也就是说，"严格意义上说，陆小曼并没有真正收过、传授过技艺的学生。"

其中的一位学生，便是陆小曼的朋友、上海治印好手陈巨来介绍于她的，名字叫作王亦令。此人也是出生在书香世家，父亲是著名的化学工程师，母亲则在戏曲学校图书馆工作。王亦令先生解放前毕业于上海孙约翰大学，是这所学校的高材生，曾在中华书局工作。妻子与他同校毕业，后来在上海师大担任英语老师的工作。

会见陆小曼之前，王亦令已经有了很深厚的英文、古文底子，但在认识小曼之后，却对她产生一层敬意，渐渐认识到，小曼的英文功底确在自己之上，于是从此有任何翻译问题，也都喜欢去找小曼帮忙解决。俩人的友谊便越来越好。我想，他们之间的关系大概是亦师亦友。

之后，两人合作翻译了《泰戈尔短篇小说集》和艾米丽·勃朗台的自传体小说《艾格妮丝·格雷》等著作。但中途因为王亦令的一些个人原因，而导致著作未能及时出版。时间久了，王亦令也经常向自己的妻子朱琴提起陆小曼，使妻子也与小曼结下深厚的情谊。

王亦令的才华很得小曼的认可，但他的德行却一直为小曼所不忍。小曼的外甥曾在文章里披露王的生活作风不好，以至常令夫人伤心："朱琴常常把这事告诉小曼，小曼总是好言相劝，才帮助他们维护好家庭（因为王已有三个孩子）。"但最终王亦令还是出事，与朱琴离了婚。对此，小曼常对身边人说："一个人德和才都重要，但德比才更重要。王亦令早晚有一天要毁在他的德上。"不得不说，这也是她对这个学生的一种扼腕叹息。

　　除了王亦令，陆小曼还有学生名为张方晦、展望之等三位青年。他们经常结伴去小曼家，写了诗请小曼当面指导。有一次，还曾拿了一本抄印得很考究的小集子，要小曼在封面题字。因为他们是三个人，小曼便题写了"岁寒集"（"岁寒三友"之名）。

　　小曼与学生的交流很简单。她没有收学生的"功利"想法，大抵是从心里认为自己没什么光辉伟大的技艺可传授人的。小曼的谦虚，在此可以一探究竟。而这几位学生也很知趣，每次来也只是用简短的时间交流问题，问题一解决便结伴离去，从不多占用小曼休息和独处的时间。当然，他们也从未在家中留过饭。

　　多年以后，学生张方晦在一篇名为《温故》的文章中，回忆了他与小曼最初相识的场景："1955至1956年间，正读初中的笔者由金石篆刻家陈巨来推荐跟陆小曼学画，由此结下了一段难忘的师生情谊，也见证了晚年陆小曼的点点滴滴。那时，上海人家居处都不宽舒。陆小曼被聘为上海文史馆馆员，后又被安排在上海中国画院当画师，所住是原来的旧居，楼下已是别姓人家。她的房间虽不算小，但会客、作画、寝息均在其中。我见到陆小曼女士的时候，她只不过50岁出头，但却瘦弱苍老，颊萎腮瘪，口中只剩一二余齿，跟我心目中的陆小曼形象反差实在太大。十三四岁的我，顿时为岁月对人之磨蚀感到无比悲凉。但是，随意问答闲谈一会儿之后，那表象的视觉渐渐冲淡，那当年使得诗人徐志摩深为陶醉，使得胡适等一班众名流深感吸引的特质和魅力，就在她的温婉语音与和蔼神情中渐显渐现了。"

文中还多次提到当天俩人相识的细节，小曼的表妹吴锦拿来水果招待他，自此他便成为小曼家中的常客。他回忆："陆老师生性随和，脾气特好。宽厚仁恕是她的最大特点。"具体表现是，她对待所有的来客全部一视同仁，从来不会因为对方的身份而个别对待。

因为翁瑞午当时跟小曼同居，所以其私生女儿的生母也常来府上探望女儿，甚至还有翁瑞午的其他成年儿女。小曼对这些人，均没有为难过，都是以礼相待——可见其气度。

除了这本书中所提到的人物，张方晦在这篇文章里还特别提到了当时负责照顾小曼起居生活的女佣桃桃，以及小曼生前相交甚好的一个朋友陈巨来。

想小曼自小出生在钟鸣鼎食之家，府上的佣人自然是不会少。即便到后来生活困顿，她也早已习惯有人陪伴、服侍的生活，有一位女佣照料也并不为奇。

陆小曼对待家里的佣人一向很宽容，哪怕是在日子最为困难的时期，月钱也都一概照付，从不赖账。佣人也知晓她的难处，"投桃报李"，和她相处得十分融洽——咦？我忽然想，这会不会是佣人的名字之所以叫作桃桃的原因呢？

关于主仆相处融洽这事也并非空穴来风，小曼的外甥曾在文章里记录下一件事："一次，佣人毛桃妹整理、打扫房间的旧东西，把放在亭子间的折好的一叠咖啡色的粗格图形纸用水洗了一下，想不到成了纸浆糊。后来，小曼知道之后说，'啊呀，可惜，这是泰戈尔送给志摩的包书纸，虽值不了几个钱，但很有纪念意义！'毛桃妹说：'啊呀，我闯祸了！怎么办？我赔都无法赔啊！'小曼笑着说：'您一定把它当成了被单，倒还真像！算了，不知者，无罪。怪我，没有给你们讲清楚。以后凡是洗什么东西，都要搭我讲一声！'此事也就解决了。"只是他也很为这件有纪念价值的文物就这么被毁了而感到心痛。

看小曼1957年与翁瑞午并坐在一起拍摄的黑白照片，她的容貌虽已改变，但是眼神仍就明朗，依稀可寻当年清亮天真的模样。她如此安静地坐着，嘴角一抹淡淡浅浅的笑容，也使我隔着电脑屏幕，感觉到她那种暖意的问候。

小曼的另一位好友，陈巨来先生，原本两人是有着三十多年交情的老友、同事。前面提到的小曼的两位学生，还是经由他的举荐才拜认小曼做老师。

1949年以后，小曼过起深居简出的生活，有老友来拜访，也只谈谈京剧书画，不涉国事。当时，上海中国画院内部举办一个画师作品展览，陈巨来闻讯将自己存录多年的印章作品的一个长卷拿去展览。起先，那长卷展开的是他1949年以后的作品，包括"毛泽东印""湘潭毛泽东印""朱德之印"等，但后来他稍觉不过瘾，便临时追加展示出"蒋中正印""程潜之印"等。结果，因为反右运动的开展，他被押送劳动教养去了。

小曼因为是其相交多年的旧友，也因此被连累务必要对陈巨来进行发言批判。几年以后，陈巨来获得自由，竟因为小曼的作为而与之绝交。小曼的学生张方晦深知其中的误解，在心里为小曼的遭遇打抱不平，因此找到陈巨来老师，亲口向他证明小曼的清白。他说，小曼也是迫于形势无奈，才那样做的。陈巨来不认，仍然为小曼"背叛"朋友而感到气愤。张方晦反问他说："你在教养农场里好几年了，怎么还没懂那一套的厉害？谁敢讲义气保护朋友？"仍不能令其满意，因为小曼也算他的忠贞老友，却想不到竟揭发他的"罪行"多达十八条！这一说倒是给张方晦提了个醒，他说："不管多少条，你们私下说的话她揭发了吗？别人不知道的事她揭发了吗？"才让陈巨来沉默下来。张方晦又趁机接着说："陆老师一直很关心你。我每次看望你后，她总要问长问短，既问健康，又问心情。"

此时，陈巨来才闪动着泪花向苍天大叫道："我冤枉小曼了！快陪我去见她！"两人一同前往小曼住处，陈巨来声泪俱下地向小曼道歉，二人才算就此冰释前嫌，和好如初。

1960年之后，小曼的身体状况愈发不好，可怕的气喘频频发作，连累她也不能再去画院工作，只能硬硬地躺在床榻，苦捱时光。此后，更是常往医院跑了。

后来，小曼病故，几位学生也早已成人多年，在各自的领域有了不同的建树。张方晦还和展望之合作，出版了一本纪念诗人徐志摩的书籍，名为《飞去的诗人——徐志摩》——那时候，他们是很喜欢研究徐志摩的诗歌并且仿照其风格进行创作的。彼时的他们，一个在美国结婚生子，生活安逸，一个在上海某所大学任教，也算幸福安康。

一个人未来的命运，究竟谁又能说得清呢。小曼恐怕当初豁出一切嫁给徐志摩时，一定也未想到是她独自一人苦熬了后半生。或许，人的命运只有很少很少的一部分是可以自己掌握的，而大的方向则早已注定。但小曼也从来不是一个悲观的人，她几经浮沉，终于活成一种通透的模样，不算长的一生中，经历过欢乐，更有许多坎坷与悲伤。但老去之后，一切也都风轻云淡，不再回响。

她待人一向诚恳，而不看对方的身份、地位，以及当时正遭遇何种境况。估计用现在的话来说，要算是"实诚""没心眼"。倘若她泉下有知，知道自己的这两位学生都成了出类拔萃的好青年，想必一定也会感到欣慰了。

陆小曼——人生概要

1903年（农历九月十九），生于上海南市孔家弄，籍贯常州。

1908年（6岁），进入上海某家幼稚园，同时跟随一位梨园师傅学习花旦。

1909年（7岁），父亲调职北京，跟随母亲奔赴北京。

1910年（8岁），就读于北京女子师范大学附属小学。

1912年（10岁），就读于北京女中。

1918年（16岁），入北京圣心学堂读书，成为当时炙手可热的"校园皇后"。

1920年（18岁），精通英文和法文，被北洋政府外交总长顾维钧聘用兼职担任外交翻译。

1921年（19岁），名闻北京社交界，与上海的唐瑛并称为"南唐北陆"。

1922年，离开圣心学堂，在家人的安排下与王赓成婚。

1924年，出演《春香闹学》，结识徐志摩。

1925年年初，与徐志摩热恋；8月拜画家刘海粟为师学习国画；年底与王赓离婚。

1926年8月14日，与徐志摩订婚；10月与其在北海完婚。

1926年10月（农历九月九日），依公公徐申如之命随徐志摩离开北京南下。

1927年1月，因江浙战争起，与徐志摩定居上海，认识翁瑞午；3月，与徐志摩回硖石扫墓，并与徐志摩、翁瑞午游西湖；12月6日，出演《玉堂春——三堂会审》，饰苏三一角。

1928年7月，与徐志摩合著的《卞昆冈》发行；夏与徐志摩、叶恭绰共游西湖。

1929年，参与中国女子书画会的成立筹备工作；5月接待泰戈尔，与大师愉快谈心，并写下感想；6月，与翁瑞午等人游"西湖博览会"。

1931年11月19日，徐志摩逝世；12月，应邵洵美相邀，为徐志摩遗作《云游》作序；又拜贺天健和陈半丁学画，拜汪星伯学诗。

1933年，整理徐志摩的《眉轩琐语》，在《时代画报》

第三卷第六期上发表；后将《眉轩琐语》收在其1947年所编的《志摩日记》里；清明时节独自到海宁硖石为徐志摩扫墓。

1934年，在第38期《论语》刊上初次对《爱眉小扎》作序。

1936年，与良友图书公司合作，出版图书《爱眉小扎》；同年，加入中国女子书画会，零散地为画会提供一些帮助。

1941年，在上海大新公司开个人画展。

1943年2月，与桂林良友复兴图书公司合作，再版《爱眉小扎》并为此书作序。

1947年3月，与晨光图书出版公司合作，出版其整理的徐志摩所创作的《西湖记》；1926年至1927年创作的《眉轩琐语》，以及同志摩亲笔题名的《一本没有颜色的书》，和已出版的《爱眉小扎》和《小曼日记》，共五个部分，总题为《志摩日记》。

1956年4月，受到陈毅市长的关怀，被安排为上海文史馆馆员；同年，入农工民主党，担任上海徐汇区支部委员。

1958年，成为上海中国画院专业画师，并参加上海美术家协会。

1959年，任上海市人民政府参事室参事；同年，被全国美协评为"三八红旗手"。

　　1965年4月3日，在上海华东医院逝世，享年63岁。

　　1988年，由陆小曼的堂侄陆宗出资，在苏州东山华侨公墓建造了纪念墓。墓碑上书"先姑母陆小曼纪念墓"，墓上还有一张陆小曼年轻时的相片，旁边是陆小曼父亲陆定、母亲吴曼华的纪念墓。